COLLECTION

DE

M. Arthur KAY

F. S. A.

LONDON ET EDINBURGH

PARIS — 1913

COLLECTION

DE

M. Arthur KAY

F. S. A.

LONDON ET EDINBURGH

PARIS — 1913

CONDITIONS DE LA VENTE

Elle sera faite au comptant.

Les acquéreurs payeront 10 0/0 en sus des enchères.

L'expert, dans l'intérêt de la vente, se réserve la faculté de réunir ou de diviser les lots.

L'expert assistera aux Expositions et se tiendra à la disposition de MM. les amateurs qui auraient un renseignement à lui demander ou des ordres d'achat à lui confier.

CATALOGUE

De l'importante Collection de M. Arthur KAY
DE GLASGOW

LAQUES DU JAPON

DES XVIIe, XVIIIe ET XIXe SIÈCLES

Écritoires, Inros, Laques divers, Peignes, Pochettes à tabac

NETSUKE. — POIGNARDS.

BRONZES CHINOIS

Des époques Tang, Han, Chow, Sung, Yuan, Ming, etc.

BRONZES JAPONAIS

De Seimin, To-un, etc.

GARDES DE SABRES

Kozuka, Fuchi-Kashira.

PEINTURES ET DESSINS

*Dont la vente aura lieu à Paris, Hôtel Drouot, salle n° 8,
du Jeudi 20 Novembre 1913, au mercredi 26 Novembre 1913 inclus.*

COMMISSAIRE-PRISEUR	EXPERT
Me HENRI BAUDOIN	M. ANDRÉ PORTIER
10, rue de la Grange-Batelière.	24, rue Chauchat.
	Expert près le Tribunal Civil de la Seine.

Chez lesquels se distribue le présent Catalogue.

EXPOSITIONS

Hôtel Drouot, salles 7 et 8
De 2 heures à 6 heures.

PARTICULIÈRE : Le Mardi 18 Novembre 1913.
PUBLIQUE : Le Mercredi 19 Novembre 1913.

Entrée : rue de la Grange-Batelière.

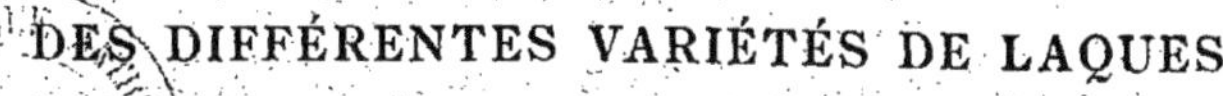

DES DIFFÉRENTES VARIÉTÉS DE LAQUES

Laque-Makiye : terme général, se rapportant surtout aux laques d'or.

Hira-makiye : fonds unis et polis.

Taka-makiye : laque d'or ciselé en relief.

Nashiji : la plus commune; fond très riche, produit par un saupoudrage d'or de différentes tonalités (aventurine).

Yasuriko-nashiji : fond noir avec saupoudrage d'or; les parcelles d'or restant plus éloignées les unes des autres que dans le nashiji.

Mura-nashiji : saupoudrage d'or irrégulier, formant des nuages.

Hirame-ji : pavage d'or, chaque parcelle étant visible.

Oki-hirame : les parcelles plus fortes, ici, sont incrustées dans le laque, une par une, à la main.

Kirikane : pavage de petites parcelles carrées.

Gyobu : feuille d'or appliquée d'une façon irrégulière sur un fond de laque rouge et ensuite polie; l'or est alors visible sous différentes tonalités suivant l'épaisseur de la feuille.

Chiri-ji : saupoudrage d'or fin, et, de place en place, larges parcelles d'or incrustées (**nashiji** et **oki-hirame**).

Ro-iro : laque noir poli.

Shu-Ji ou **Shu-Nuri** : laque rouge.

Tsuishu : laque rouge sculpté, imitant les laques « de Pékin ».

Tsuikoku : laque noir, sculpté comme le précédent.

Tame ou **Taisha-Nuri** : laque brun.

Iro-makiye : laques de couleurs.

Guri : laque formé de plusieurs couches de couleurs différentes et sculpté.

Togidashi : tous les laques employés sur des objets demandant des décorations de même plan (sorte d'aquarelle de laque).

LAQUES DU JAPON

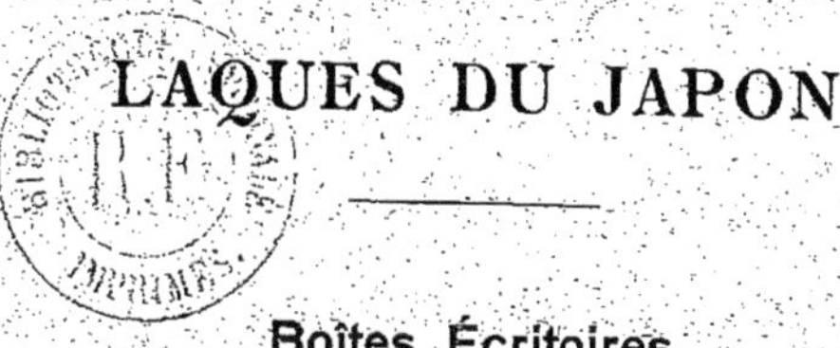

Boîtes Écritoires.

« *Suzuri Bako* »

1. — Écritoire carrée. Sur un fond de laque noir, *ro-iro*, se détache en léger poudré d'or, un paysage de collines plantées de pins, vu à travers une pluie d'orage.

A l'intérieur du couvercle et dans les plateaux, un décor de vagues et de bateaux en laque d'or sur un fond nashiji.

Pierre à encre et compte-gouttes (mizuire) en argent ciselé représentant un gouvernail.

Koma.

xviii° siècle.

2. — Écritoire rectangulaire. Sur le fond poudré d'or et d'argent, s'élève, en puissant relief de laques divers et d'argent, le casque de Bungaku, coiffure de danse guerrière.

L'intérieur du couvercle et le plateau aux pinceaux offrent un décor d'oiseaux en laques variés sur un fond pointillé d'argent.

Pierre à encre et mizuire en forme d'un chrysanthème en bronze doré.

Atelier des premiers **Koma**.

3. — Petite écritoire carrée, recouverte d'un très fin sablé d'or.

Des reliefs de laques d'or et d'argent représentent, dans une fermeté toute métallique, une jardinière fleurie de bambous et de chrysanthèmes.

Au revers du couvercle, à fond aventuriné, est figuré un ruisseau serpentant au milieu de prêles. Le même décor se retrouve sur le plateau intérieur.

Pierre à encre et mizuire d'argent et shibuichi.

Attribué à **Zeshin.**

XIX° siècle.

4. — Écritoire rectangulaire aux côtés abattus. Sur un fond de laque noir s'offre en togidashi le décor d'une jeune femme élégante, debout sous un pin, regardant une blanchisseuse, accroupie près d'un ruisseau.

Au revers du couvercle, sur un fond mura nashiji, le ruisseau suit son cours paisible entre deux berges fleuries.

Pierre à encre et mizuire en bronze ciselé en forme d'une gourde.

Signé : **Kubo Shunman.**

(1757-1820).

5. — Écritoire, en forme d'un disque. Le décor extérieur, sur fond noir, représente en laque d'or d'une exécution aussi nerveuse qu'une véritable ciselure, une hideuse apparition de Ranriu ou Riujin, le roi des dragons de la mer.

Au revers du couvercle se présentent, sur un fond richement poudré, une biwa, un sho et une flûte en laque d'or finement ciselé.

Pierre à encre. Mizuire allongé, décoré d'émaux translucides.

Signé au dos : **Koma Kyuhaku,** à l'âge de 77 ans.

6. — Écritoire carrée. Sur le fond noir de la boîte se détache en relief de laque d'or, très finement ciselé, un vêtement de lutteur disposé sur un porte-kimono.

Au revers du couvercle est réservé, sur un fond nashiji, un paravent à fond d'or décoré à l'encre de Chine d'un vol de corbeaux sur le sommet des pins.

Pierre à encre. Mizuire en argent imitant un croissant de lune.

Attribué à un **Koma.**

XVIII° siècle.

7. — Grande écritoire carrée à fond de laque noir ro-iro.

Sur le couvercle, deux jolies corbeilles de laque d'or et de plomb contiennent une aimable floraison de chrysanthèmes aux fleurs variées, de nacre et de laque d'or, vers lesquelles se penche une libellule diaphane.

Le revers du couvercle, à fond aventuriné, est égayé d'un vol de papillons aux ailes burgautées ou pavées de petites pépites d'or.

Pierre à encre. Mizuire en argent représentant une fleur de cerisier.

Un des **Koma** *du xviii* siècle *dans le style de Korin.*

8. — Écritoire rectangulaire. Cette curieuse pièce est décorée en relief de laque Jogohana d'un tertre gazonné d'où s'élancent deux arbustes fleuris. Le fond de la boîte est en laque brun, agrémenté en camaieu d'un décor de spirales pointillées de laque noir.

Un décor similaire parcourt les côtés de la boîte, garnis de fleurettes, et le revers du couvercle où un moineau se réfugie dans les blés.

Attribué au xviii* siècle.

9. — Très originale écritoire, formée d'un tronc de bambou, scié par le milieu et recouvert de laque nashiji.

Le couvercle est gravé d'une réunion des six poètes célèbres (Rokkasen), Sojo Henjo, Ariwara no Narihira, Bunya no Yasuhide, Kisen Hoshi, Ono no Komachi et Otomo no Kusunushi.

Un plateau en laque aventuriné comme le reste de la boîte supporte la pierre à encre et le mizuire décoré d'émaux.

Signé : **Minkoku**.

Cachet : **Minkoku**.

10. — Écritoire rectangulaire. Sur un très beau fond de laque rouge orangé sont réservés, en laque d'or et laque noir, deux oiseaux Hoô affrontés.

Le pourtour de la boîte est également décoré en togidashi de branchages fleuris.

Au revers du couvercle repose sur sa housse de laque d'or une biwa en bois naturel et laque.

Pierre à encre. Mizuire dont la partie supérieure est formée d'un sapèque.

Attribué à **Zonsei**.

xvii* siècle.

11. — Écritoire carrée, à couvercle légèrement bombé.

Sur un fond aventuriné, un ruisseau, en fin hiramé d'or, serpente entre de nombreux vallonnements, accentués par un léger pavé d'or, et tout couverts de chrysanthèmes en fleurs. Ce décor se rabat également ment autour des côtés latéraux de la boîte.

Le revers du couvercle est orné au laque d'or de haies de chrysanthèmes : au ciel, un croissant de lune.

Pierre à encre. Joli compte-gouttes en argent ciselé d'un semis serré de chrysanthèmes.

xviiie siècle.

12. — Écritoire rectangulaire. Sur un fond de laque brun volent trois gracieuses libellules aux corps fuselés, de laque d'or et aux ailes parsemées de pépites de burgau.

Le biseau des angles abattus est en laque noir avec un léger décor de rinceaux en laque d'or.

Au revers du couvercle, un clair ruisseau se glisse au milieu de fleurs aux pétales de nacre.

Attribué à un **Koma** *du début du* xviiie *siècle.*

13. — Écritoire rectangulaire en bois naturel : le décor représente en haut-relief de laque nashiji et kirikane, donnant l'illusion de la pièce elle-même, un inro et son netsuke : l'inro est décoré en laque d'argent d'un serpent menaçant un paon qu'il enserre déjà dans ses anneaux : le netsuke est formé de trois feuilles conjuguées, en laque tsuichu.

Au revers du couvercle, c'est en laque d'or, à puissants reliefs, la vue d'une mer démontée battant avec furie les flancs déchiquetés d'une roche dressée au milieu des vagues et sur laquelle sont venues se réfugier deux langoustes, le corps de l'une d'elles vu en transparence.

Le fond de la boîte, en laque aventuriné, supporte la pierre à encre et le mizuire en argent, ciselé d'une oie volant devant les nuages.

Pièce d'une remarquable exécution signée : **Koma Kioryu.**

14. — Écritoire rectangulaire en laque mokumé, imitant le bois naturel, sculpté en très haut relief des figures des deux Nyo, gardiens de temple, dont ils écartent les mauvais esprits.

Le revers du couvercle et l'intérieur de la boîte sont en laque rouge de belle qualité.

Mizuire en argent simulant une pomme de pin.

xviii° siècle.

15. — Écritoire rectangulaire. Sur un fond nashiji, au milieu de nuages pavé d'or, se déroule un long panorama de vallées, de collines et d'habitations, chaque site illustrant une des cinquante-deux stations ou relais de coolies de la route du Tokaido qui conduit du pont Nihon, de Tokio, à Kyoto.

Le même décor se poursuit à l'envers du couvercle et autour des faces latérales du couvercle et de la boîte elle-même, chaque site portant une petite plaquette avec le nom de la localité.

Le fond de la boîte, décoré sur nashiji de fleurs diverses entraînées dans un courant rapide, porte la pierre à encre et la mizuire en argent ciselé d'une cigogne.

Très jolie exécution de laque signée : **Arai Genjusai.**
Cachet : **Isshin.**

16. — Écritoire carrée en laque noir. C'est en laques divers, habilement disposés, un guerrier, à l'armure étincelante de laque d'or, l'arc aux dents, lançant son cheval dans les flots, et au revers du couvercle une jeune femme en costume de cour, debout sur la proue d'un bateau.

C'est l'illustration de la légende de Nasu no Yoichi, Munétaka, archer dont le clan prit un éventail de guerre comme armoirie à la suite de l'épisode de la bataille de Yashima, en 1185.

Lorsque les Taira furent chassés de Kioto par les Minamoto, l'Impératrice, Nii no Ama, s'enfuit avec le jeune Empereur Antoku au temple de Itsukumisha où étaient conservés trente éventails rosés portant en rouge le disque de soleil (Hi no maru). Le bonze en remit un à Antoku en lui disant qu'il avait en lui le « Kami », l'âme, de l'Empereur défunt Takakura, et que grâce à lui il aurait la propriété de faire retourner contre les archers ennemis, les propres flèches décochées par ces derniers.

L'éventail fut donc attaché au mât de la barque du Taira, sur laquelle est toujours représentée une dame de la cour, et un défi fut envoyé à Minamoto no Yoshitsune : le défi fut relevé par un des archers de ce dernier, Nasu no Yoïchi, qui lançant son cheval dans les flots s'approcha de la barque et décrocha une flèche qui, rompant la corde qui joignait les bras de l'éventail, disloqua ce dernier et détruisit le charme.

Attribué à **Koma I.**

17. — Écritoire rectangulaire à coins arrondis. Sur un fond de laque brun, c'est, dans un admirable travail d'argent, un aigle enlevant dans les airs un oiseau qu'il étreint dans ses serres.

Au revers du couvercle, un soleil rouge émerge des nuages et dore la cime des pins encore perdus dans les brouillards du matin.

Mizuire orné d'un chrysanthème aux pétales de couleurs variées en émaux translucides.

Signé : **Kakosai.**

18. — Écritoire rectangulaire en laque noir, les angles abattus décorés de laque d'or mat. Dans ce cadre se détache en laque togidashi un joli décor de deux perdrix, près d'une liane fleurie, dans l'herbe humide du matin.

Au revers du couvercle, en togidashi sur poudré d'or, un cerisier en fleurs profile ses branches sur le disque du soleil.

Mizuire en bronze doré, en forme d'un écran.

Attribué à **Shunsho.**

19. — Écritoire rectangulaire en laque noir, décoré en togidashi d'or et de couleurs, de deux jeunes femmes devant un écran ; l'une d'elles projette avec sa bouche un jet d'encre de Chine formant deux caractères signifiant « patient amour », tandis que l'autre, tenant le bol à encre, la contemple, émerveillée de son adresse.

Sans intérieur.

Attribué à **Shunsho.**

20. — Écritoire rectangulaire, minuscule, en laque noir, offrant en togidashi de couleur un masque à tête de shishi et une sorte de tambour.

Attribué à **Shiomi Masanari.**

21. — Écritoire carrée, aux angles arrondis. Sur un fond de laque d'or mat s'élève en relief de laques de couleurs un décor représentant de nombreux personnages venant fêter les cerisiers en fleurs; sur une estrade quelques personnages boivent du sake et un store mi-relevé permet d'apercevoir deux jeunes musiciennes jouant du shamiseu.

Au revers du couvercle, en togidashi, un décor très doux en poudré d'or et d'argent montrant un canard dans les roseaux au clair de lune.

Décor similaire dans le fond de la boîte, contenant la pierre à encre et le mizuire d'argent.

Attribué à **Shunsho.**

22. — Écritoire circulaire en forme d'un disque. C'est en laques divers à puissants reliefs un décor des trois masques de Riujin, de Ghemijo (Nô) et de Kotobide (Nô).

Au revers du couvercle, sur fond nashiji, une petite étagère en laque tsuichu soutient une chimère en laque tsuikoku jouant avec une sphère.

Le fond de la boîte est décoré d'instruments de musique en laque d'or et supporte la pierre à encre et le mizuire d'argent.

Signé : **Koami Nagataka.**
Début du xviiᵉ siècle.

23. — Écritoire rectangulaire en laque noir. Dans un merveilleux travail de laques polychromes, d'une grande vigueur de reliefs, le décor montre une gracieuse jeune femme dansant dans les Nô la danse du papillon.

Au revers du couvercle, en togidashi, une terrasse abritée par un arbre en fleurs.

Pierre à encre et mizuire d'argent.

Attribué à **Tenkosai.**

24. — Écritoire carrée, le couvercle fortement bombé. Sur un fond de laque nashiji sont disposés des éventails décorés de motifs fleuris variés, et dont les extrémités retombent sur les parois de la boîte.

Au revers du couvercle, dans le même esprit sont représentés trois fragments d'étoffes à décors variés.

Le fond de la boîte orné de branches de fougères supporte la pierre à encre et le mizuire, de shakudo.

Par **Morikawa**.

Début du xix⁰ siècle.

25. — Écritoire rectangulaire en bois naturel. Sur le fond brun du bois jaillit en haut-relief de laque d'or et de laque kirikane un cerisier en fleurs dont les racines noueuses s'agrippent dans les rochers.

Près de là, l'entrée d'une habitation.

Au revers du couvercle c'est, encore en laque d'or sur fond nashiji avec rehauts de burgau, un couple de canards mandarins posés sur une berge fleurie, à l'ombre d'un pin.

Le fond de la boîte offre, en togidashi, un décor de bambous et de nuages exécutés en poudre d'or sur nashiji.

Mizuire d'argent et pierre à encre.

Signé : « **Ardoise de Kioto, Masatsugu** ».

Attribué à **Sanroku**.

26. — Écritoire carrée en laque noir, décorée, en laque d'or à puissants reliefs, de deux tigres jouant.

Au revers du couvercle, sur fond aventuriné, s'étale un joli paysage égayé d'habitations sur les rochers au milieu des pins. Au loin deux hautes montagnes s'estompent dans les nuages.

Au fond de la boîte, un petit plateau est orné d'un cerisier en fleurs jailli d'un petit tertre gazonné.

Pierre à encre, et mizuire en bronze imitant un fruit.

Attribué aux premiers **Koma**.

27. — Écritoire carrée, en laque d'or, les angles abattus en biseau. Sur une estrade, un marchand propose à de nombreux promeneurs des lanternes aux décors variés, d'encre de Chine sur fond d'or et d'argent.

Les promeneurs vêtus de robes de laques variés s'arrêtent, séduits.

Au loin s'estompent en encre de Chine les silhouettes d'un nombreux groupe de personnages accompagnés d'un chien.

Au revers du couvercle, sur togidashi d'argent, de petits personnages traversent un pont qui domine une maison de thé où sont attablés de nombreux visiteurs.

Intérieur très sobre mais d'une chaude tonalité en pointillé d'argent sur fond brun.

Attribué à **Haruye**.

xixe siècle.

28. — Écritoire carrée aux angles arrondis. Sur un fond nashiji se détache en laque d'or un groupe de cinq cigognes au milieu d'un paysage rocheux baigné par un torrent.

A l'intérieur du couvercle, sur fond nashiji, se profile un vallonnement en laque d'or pavé de petits cubes, planté de jeunes pins derrière lesquels apparaît le disque rouge du soleil naissant.

Le fond de la boîte offre le même décor, coupé par la pierre à encre et le mizuire d'argent ciselé d'une cigogne stylisée.

Attribué à **Morikawa**.

29. — Écritoire carrée recouverte d'une épaisse couche de laque nashiji sur fond brun, donnant l'aspect d'un bronze.

Le rideau de laque semble s'être déchiré à la partie droite supérieure pour laisser apparaître derrière un grillage de plomb, sur un fond de laque noir, une très expressive figure de Shoki, poursuivant des onis. La figure du dieu est rendue en laque de bronze et son manteau est une merveille de minutie et de finesse de laque d'or incrusté de fleurettes de nacre.

Au revers du couvercle, deux onis en laque vert et rouge s'enfuient épouvantés, devant la terrible apparition.

Le fond de la boîte comprend trois plateaux dont l'un en laque d'or imitant une natte.

Mizuire en argent ciselé représentant une tête de démon au nez proéminent, sorte de Tengu.

Signature et cachet : **Zeshin**.

30. — Écritoire rectangulaire, aux angles arrondis. Sur un fond de laque mura-nashiji se détachent, en laque d'argent poudré d'or, des troncs de bambous autour desquels s'enlacent de gracieuses lianes fleuries.

Au revers du couvercle, un décor similaire offre un bouquet d'herbes d'automne sur un fond aventuriné.

Le fond de la boîte, en nashiji, contient la pierre à encre et le mizuire en forme d'une pêche de longévité.

Attribué aux premiers **Koma.**

31. — Écritoire carrée, en togidashi. Le pin, le bambou et le prunier se sont réunis au bord du torrent pour mêler leurs branches, groupement symbolique dit « Sho chiku bai », le pin et le bambou toujours feuillus et verts personnifiant la longévité ; on y a joint le prunier, symbolisant la beauté.

Au revers du couvercle, c'est un joli semis de fleurs de cerisier arrachées par le vent.

Attribué à **Shunsho.**

xviiiᵉ siècle.

32. — Très belle écritoire rectangulaire, les angles arrondis. Sur un fond très finement poudré d'or, une jeune fille richement vêtue se lève de devant son métier où elle tissait, pour contempler un jeune homme qui passe conduisant un bœuf.

« Le dieu du firmament, le Soleil, avait une fille ravissante, Shokujo, dont le plus grand plaisir était de tisser de riches vêtements pour son auguste père. Un jour elle fut distraite de son métier par le passage d'un jeune paysan conduisant un bœuf.

Elle en tomba follement amoureuse. Le Soleil, apprenant son secret, consentit à lui donner pour époux le jeune paysan, Kengiu.

Leur bonheur fut si complet qu'ils en négligèrent leurs devoirs, le métier était abandonné, et le pauvre bœuf errait seul du matin au soir dans les pâturages célestes. Le Soleil en fut mécontent et résolut de séparer les jeunes époux, entre lesquels il fit passer le seul fleuve céleste, la Voie Lactée.

Ils ne pouvaient se réunir qu'une fois par an, le septième jour du septième mois, lorsque la Voie Lactée ne roulait pas de flots trop torrentueux.

Les oiseaux du ciel alors se réunissaient, enchevêtraient leurs ailes et sur ce pont gracieux et léger passait rapidement la jeune Shokujo.

Cette légende est encore fêtée au Japon : le septième jour du septième mois des poésies sont suspendues aux branches pour célébrer la réunion des deux époux (Tanabata).

Au revers du couvercle, en nashiji, s'offre un gracieux bouquet de roseaux et de fleurs, en laque d'or et burgau, se profilant au clair de lune.

Décor similaire au fond de la boîte contenant la pierre à encre et le mizuire formé de deux cubes d'argent, conjugués.

Très beau type de laque japonais du xviiie siècle.

Par **Shiomi Mazanane**.

33. — Écritoire de forme rectangulaire, les bords du couvercle abattus en biseau.

Sur le fond de laque noir, c'est un superbe enchevêtrement de papillons aux ailes diaphanes et chatoyantes, traitées en laque d'or ou d'argent, incrustées de nacre ou de burgau. Les papillons se poursuivent autour des côtés de la boîte.

Au revers du couvercle et au fond de la boîte, c'est un joli décor, en togidashi, de chrysanthèmes aux couleurs variées, les uns échevelés et rouges, les autres serrés et verts, d'autres encore en laque d'or ou d'argent.

Pièce ayant figuré à l'Exposition Universelle de 1900 comme œuvre de **Koma Kwansai**, *le 2° du nom*.

34. — Jolie écritoire de forme rectangulaire, les bords du couvercle arrondis. Sur un fond noir, irrégulièrement poudré d'or, se détachent en haut relief de laques, d'une vigueur toute métallique, une langouste et une large coquille nacrée, au milieu d'algues.

Au revers du couvercle, en togidashi, le disque rouge du soleil naissant éclaire une mer dont les vagues se poursuivent toutes blanches d'écume.

Au fond de la boîte, un décor au laque d'or de barques à voiles fuyant sur les flots.

Pierre à encre laquée or et mizuire en bronze ciselé.

Attribué à **Koma Korin**.

xviiie siècle.

35. — Écritoire carrée, le couvercle bombé, serti d'une baguette de plomb.

Sur un fond de laque noir passent des barques, d'or ou de plomb, chargées de fagots et de hottes aux fleurs de nacre et de burgau.

Au revers du couvercle, sur un merveilleux fond tout pavé d'or, se détachent de lourds ballots habillés de nacre, accrochés à des pieux d'or.

Un décor similaire égaie le fond de la boîte contenant la pierre à encre et le mizuire formé de deux moineaux accouplés, de bronze et de shakudo.

Très belle pièce exécutée dans la manière de *Korin* par **Koma**, le 1er du nom.

36. — Écritoire rectangulaire, en bois naturel, décorée en laqué taka-makiye d'or et d'argent, d'un groupe de cigognes arrêtées sous un cerisier en fleurs.

Au revers du couvercle, c'est une cascade aux flots d'argent bondissant sur un rocher sur lequel se tient la tortue de longévité, Minogame, à la queue chevelue.

Son corps, en relief de laque, est recouvert d'une fine feuille d'or.

xviiie siècle.

37. — Écritoire rectangulaire, de grande dimension, en laque noir ; les bords du couvercle, abattus et arrondis, sont décorés de laque nashiji.

Sur le ton noir du laque se détache en relief de laque vert un miroir gravé, ancien, posé sur sa housse de soie.

A côté gît une branche d'hortensia, dont la fleur est joliment rendue en larges incrustations de nacre, du plus brillant effet. Les feuilles sont en poterie, laque d'or et laque rouge.

Le fond de la boîte, en nashiji, contient la pierre à encre et un très joli compte-gouttes formé de deux cubes conjugués en métal laqué et incrusté de nacre.

Attribué à **Seiji** (Tadaji).

38. — Écritoire rectangulaire en bois naturel, les bords du couvercle et de la boîte étant couverts d'une baguette d'argent.

Le couvercle est décoré d'une toile d'araignée aux fils d'or, devant laquelle volent de gracieux papillons en laqués variés, incrustés de burgau et de nacre.

Au revers du couvercle, réservé en argent, le fin croissant de la lune au troisième jour, présage de bonheur.

Le fond de la boîte, en laque mura-nashiji, porte la pierre à encre et le mizuire d'argent gravé de cigognes.

Signé : **Zeshin**, le vieillard de 60 ans.

39. — Écritoire rectangulaire, aux angles arrondis, en laque togidashi.

Un léger ruisseau s'enfuit à regret, entre deux berges fleuries plantées de bambous, près desquels est venu se poser un oiseau.

Les feuilles de bambou sont rendues en léger relief de laque d'or et incrustations de burgau.

Le revers du couvercle et le fond de la boîte sont décorés en togidashi de fleurs de cerisier dans un paillon d'or.

Attribué à **Jokosaï**.

40. — Écritoire rectangulaire en laque noir, les angles du couvercle arrondis et adoucis par un décor de légers rinceaux d'or.

Le décor en togidashi offre le tronc tourmenté d'un prunier se dégageant d'une petite balustrade.

Au revers du couvercle et dans le plateau aux pinceaux c'est un décor de vagues, en togidashi d'or, dont l'écume est rendue par de petites incrustations métalliques en « têtes d'épingles ».

Mizuire en bronze ciselé en forme d'un chapeau.

Style de **Shunsho**.

41. — Écritoire de forme rectangulaire en laque noir décoré au laque d'or et incrustations de nacre de sept garçons jouant à Kotoro Kotoro.

Six enfants sont groupés sur une seule file : le premier, « le père », porte un éventail et son jeu consiste à empêcher un autre enfant, ne faisant pas partie de la file, l'Oni, de toucher le dernier enfant de la file, en se déplaçant rapidement, sans interrompre la file.

Au revers du couvercle, dans le même travail de laque d'or, de plomb et de nacre, trois garçons se disputent la possession d'un manuscrit.

Attribué à **Koma II**.

42. — Écritoire en forme d'une boîte à miroir, couverte d'un laque brun imitant l'écorce de bois, décorée au laque d'or et laques de couleur de guêpes et d'araignées sur des branches de vigne.

Au revers du couvercle, bordé de plomb, se détache sur fond nashiji, en fausses incrustations de nacre, une branche de cerisier en fleurs vers laquelle vole un papillon de laque d'or.

Pierre à encre en forme de demi-lune. Mizuire de même forme décoré d'émaux cloisonnés.

Attribué à **Zeshin**.

43. — Écritoire de forme rectangulaire, les bords du couvercle légèrement rebondis. C'est, en togidashi d'or, deux jolies branches de chrysanthèmes épanouis aux tons atténués, vues à travers une pluie d'orage.

Au revers du couvercle, dans le même esprit, trois cyprins nagent au milieu d'herbes aquatiques.

Signature et cachet : **Kajikawa**.

xviiie siècle.

44. — Écritoire de forme légèrement rectangulaire, les coins arrondis.

Sur le fond de laque noir est représenté en laque d'or Hoteï, demi-nu, son bâton sur l'épaule, accompagné de deux enfants portant ses attributs et poursuivant des papillons.

Au revers du couvercle, sur fond nashiji, vigoureusement poussée en laque d'or se détache une maison de thé, abritée par un pin, et juchée au bord de l'eau.

Au fond de la boîte, quelques herbes aquatiques vers lesquelles se dirige une cigogne.

xviiie siècle.

45. — Écritoire de forme étroite et allongée en laque entièrement pavé de nacre (aogai), d'un très riche effet. Sur le couvercle, en laque d'or, une branche de cerisier en fleurs; au revers du couvercle, sur fond mura-nashiji, s'élève un bambou, en laque d'or.

Le fond de la boîte en laque mura-nashiji, également, encadre la pierre à encre et le mizuire.

xviiie siècle.

46. — Écritoire de forme circulaire, avec une légère dépression centrale.

Sur le fond de laque noir se tient fier et hiératique un paon, en laque d'or, les plumes de la queue, aux yeux de burgau, entièrement déployées et formant la roue.

Au revers du couvercle, en togidashi d'or, se tient un autre paon, debout sur un tertre fleuri de chrysanthèmes.

Joli mizuire en argent ciselé en forme d'un bouton de chrysanthème.

Attribué à **Koma Kiuhaku.**

47. — Écritoire de forme circulaire, le couvercle reposant sur une base plus large.

Le décor, en chinkinboro, sur fond noir, représente des oiseaux sur des branches fleuries.

Le fond de la boîte, en laque noir uni, comporte la pierre à encre et le mizuire en bronze formant une petite théière.

xviiᵉ siècle.

48. — Écritoire carrée en laque noir, décorée aux laques d'or et d'argent d'un vase suspendu fleuri de glycines et de pivoines, joliment disposées.

Au revers du couvercle, sur fond hirame d'argent, se détachent, en laque d'or, un petit écran décoré à l'encre de Chine d'un oiseau sur un rocher, des pochettes et un brûle-parfums.

Curieux mizuire en bronze incrusté d'or.

Attribué à un **Koma** du début du xixᵉ siècle.

49. — Jolie écritoire rectangulaire de forme plate. Laque noir portant sur le couvercle, en laque d'or, de nombreux instruments de musique, biwa, koto, tsuzumi, flûte, etc., dont tous les détails sont exécutés avec un art où la finesse la plus minutieuse le dispute à une admirable fermeté de coup de pinceau. Certains ornements sont rehaussés encore par un microscopique pavage de burgau.

L'intérieur de la boîte offre encore avec une grande richesse de détails une coiffure de Nô, un sabre et une flûte en laque d'or sur fond nashiji.

Le fond de la boîte contient la pierre à encre, le mizuire en forme d'une pochette et un minuscule brûle-parfums.

Très beau travail attribué à **Koma Kwansai I.**

50. — Très curieuse écritoire en bois naturel, reposant sur quatre petits pieds.

Le couvercle, reposant à plat, est décoré en très belles incrustations de nacre, d'écaille, de corail et de malachite, d'une chimère jouant près d'un rocher fleuri de pivoines (emblème de la puissance royale).

Au revers du couvercle sont exécutées en plein bois, avec une merveilleuse adresse, les armoiries des princes de Tokugawa (trois feuilles de mauve).

Attribué à **Shohei.**

51. — Écritoire carrée, aux angles lobés, en togidashi, décorée d'une baie plantée de pins qu'éclaire le soleil levant.

Au revers du couvercle, sur fond aventuriné, un décor en laque d'or montrant des gerbes de blé séchant et des alouettes venant voleter près d'un piège.

Joli mizuire en bronze incrusté de cuivre.

xviiie siècle.

52. — Écritoire rectangulaire, avec coins arrondis. Sur la pointe d'un roc escarpé, planté de pins, un pèlerin est arrêté contemplant une cascade dont la nappe d'argent jaillit entre deux rocs rapprochés.

A l'horizon, des vallonnements successifs plantés d'arbres divers.

Au revers du couvercle, des fleurs de cerisier entraînées par un courant sinueux.

Mizuire en émaux cloisonnés, orné d'une fleur de cerisier.

Attribué à **Shunsho.**

xviiie siècle.

53. — Très belle écritoire rectangulaire, les angles du couvercle abattus en biseau.

Un joli décor togidashi aux laques de couleurs finement nuancées, donnant l'aspect d'un pastel ancien.

Cinq femmes accroupies gracieusement autour d'une carpette remplie de coquillages jouent au jeu « Kai Awase ».

Ce jeu se joue avec trois cent soixante coquillages, une valve décorée d'une poésie, l'autre d'une peinture à laquelle se rapportent les vers.

Les poésies sont partagées entre les joueurs qui doivent les rapprocher des peintures au fur et à mesure que celles-ci sont rejetées sur le tapis.

Au revers du couvercle, deux jolies boîtes cantines hexagonales, en laque d'or, servant à ranger les coquillages.

Signé : **Shiomi Masasane.**

54. — Petite écritoire carrée, les bords de la boîte et ceux du couvercle étant doublés d'argent.

Sur le couvercle de laque noir, inscrit dans un motif en forme de gourde, se détache en laque d'or un petit paysage vu à travers la tempête et la pluie.

Les quatre coins sont décorés de petits motifs à rinceaux d'or.

Au revers du couvercle, sur un fond nashiji et de nuages poudrés d'or, une poésie :

> *La pluie fait rage pendant le mois sans Dieu (Octobre?)*
> *Les feuilles des arbres sur le mont Ogura*
> *Rougissent des teintes de l'automne,*
> *Mais les feuilles paraissent pleurer leur couleur avec la pluie.*

Pierre à encre en forme de cœur. Mizuire d'argent formé de deux feuilles d'érable conjuguées.

Signé : **Isen Hogen hitsu** († 1828).
Cachet : **Fuji.**

55. — Magnifique écritoire rectangulaire, aux bords sertis d'argent. Le décor extérieur, sur fond d'or, représente, en laque d'or rehaussé de laque rouge, d'une exécution aussi nerveuse qu'une véritable ciselure, un couple d'oiseaux Hôo, à queues échevelées, sur un rocher battu par les flots.

Au revers du couvercle et au fond de la boîte, quelques feuillages d'or sur un fond pavé de larges pépites d'or, de formes irrégulières.

Mizuire d'une grande finesse, en argent ciselé de chrysanthèmes.
Pierre à encre, bâton d'encre et deux pinceaux.

Très beau travail d'un **Koma** *du début du* xixe *siècle.*

56. — Écritoire carrée, les angles du couvercle abattus en biseau.
Sur fond de laque noir, près de jeunes pins aux troncs graciles, trois cigognes aux plumages d'or et d'argent sont venues se réfugier.

Au revers du couvercle, c'est, sur fond nashiji, une maisonnette perchée au bord du fleuve torrentueux et vers laquelle se dirigent deux porteurs d'eau.

Mizuire en argent imitant un coquillage.

Attribué à un **Koma**.

57. — Écritoire carrée, en bois naturel, sculptée en haut relief d'un personnage assis sur les racines d'un gigantesque pin.

Signé : **fait par Koyo, à Naniwa, Osaka, au mois de Février de l'année de Kinoe Inu** (le chien).

58. — Grande boîte écritoire de forme rectangulaire. Sur le couvercle de laque noir jaillit en puissant relief d'or une chimère menaçante.

Au revers du couvercle, c'est une aventurine semée sur un damier alternativement de laque d'or et de laque noir, sur laquelle se détachent en haut relief d'or, d'une grande finesse d'exécution, deux écrans décorés d'oiseaux Hoô et surmontés du joyau Tama.

Le fond de la boîte est orné du même damier encadrant la pierre à encre et le mizuire de shakudo.

xviiie siècle.

59. — Écritoire carrée, en laque noir, les angles abattus en biseau et décorés en incrustations de nacre d'un fin damier.

Deux cavaliers en incrustations de nacre et de burgau sont arrêtés sous un arbre.

L'intérieur est laqué rouge et contient la pierre à encre et le mizuire d'argent.

Les faces latérales sont décorées au laqué d'or de petits bouquets fleuris stylisés.

xviiie siècle.

60. — Écritoire rectangulaire en bois naturel. Sur le couvercle est jeté un décor en forme d'un Kakemono à fond d'or, orné, en relief de poterie, d'un cerf vu de dos.

L'étoffe encadrant le kakemono est rendue ici par une fine incrustation de burgau et de laque.

L'intérieur offre sur fond nashiji le décor d'un vase de suspension garni de jolis bouquets aux fleurs de nacre.

Style de **Ritsuo**.

61. — Écritoire en vannerie laquée, le couvercle largement bombé, les angles arrondis.

Sur le fond brun se détache, en une jolie gamme d'ors, une figure d'Hotei, réjoui, s'éventant, assis près de son sac aux takaramono. Autour de lui sont groupés trois enfants faisant de la musique.

Au revers du couvercle, en togidashi, trois personnages se promènent dans la campagne fleurie.

Mizuire en bronze ciselé représentant une petite figure d'Hotei.

Œuvre de début de **Jokasai**, *le 1ᵉʳ du nom.*

62. — Petite écritoire rectangulaire en laque d'or mat, appelé Kinnji, avec, pour décor, un éventail orné, en plomb, nacre et laque d'or, d'une figure d'Okame, joufflue et souriante.

Au revers du couvercle, sur fond nashiji, un tronc de cerisier en plomb et des fleurs de nacre.

Mizuire en argent ciselé d'emblèmes bouddhiques et de dieux du bonheur.

Signé : **Seisei Kworin**.

63. — Très jolie écritoire rectangulaire, les angles lobés, en laque brun mokume, décorée en relief de nacre et applications de poterie d'un panier de sparterie fleurie d'un cerisier nain et de liserons.

Intérieur laqué rouge avec pierre à encre.

Jolie pièce attribuée à **Ritsuo**.

xvIIᵉ siècle.

64. — Petite écritoire rectangulaire, les angles coupés. Sur le fond nashiji, en relief de laque d'or et pavage de nacre se voit une hotte de pèlerin, posée au milieu de branches fleuries sous un érable.

A l'intérieur, en togidashi, sur nashiji, quelques branches fleuries.

Le fond de la boîte contient, en outre de la pierre à encre et du mizuire, deux pinceaux et un porte-bâton d'encre.

Début du xixe siècle.

65. — Écritoire rectangulaire, aux angles abattus en biseau.

Sur un fond de laque noir s'élève un monticule de laque d'or sur lequel se dresse, en très beau pavage de nacre partiellement laqué d'or, un coq à la queue échevelée.

Au revers du couvercle, sur le même fond de laque kinnji, le buste de Ariwara no Narihira, un des six poètes célèbres.

Pierre à encre et mizuire en bronze ciselé en forme de fruit.

Signé : **Nagata Tomoji** (élève de Ogata Kworin).

66. — Écritoire carrée, les angles abattus, offrant sur un fond de laque noir un décor de trois chevaux, en laques de bronze et d'or, s'ébrouant au milieu d'un champ.

Au revers du couvercle, en togidashi et léger relief d'or, une maison de thé et des cèdres géants au bord du lac, aux pieds de hautes collines d'où tombe une cascade.

Décor similaire au fond de la boîte, renfermant la pierre à encre et le mizuire de bronze en forme de courge.

Attribué aux premiers **Kajikawa**.

67. — Écritoire carrée en laque noir, les angles abattus. C'est dans un décor peu commun, de laque *jogohana*, un coq et une poule, se détachant en blanc au milieu de touffes de chrysanthèmes de couleur.

Décor similaire au revers du couvercle et au fond de la boîte, ornés de bouquets d'herbes d'automne.

Mizuire en argent ciselé d'un chrysanthème stylisé.

xviie-xviiie siècle.

68. — Très belle écritoire rectangulaire, aux coins arrondis. Le fond est ici en très beau laque d'or, kinnji, à tons chauds, légèrement orangés, et garni d'un très léger piquetis d'or, reconnu par les Japonais comme étant propre à Kworin.

Le décor montre en plomb, nacre et laque d'or, la célèbre femme guerrier, Tomoé Gozen, à cheval.

Elle était la fille de Gon no Kami Nakahara Kaneto, et avait la réputation d'être aussi belle que brave. Concubine de Kiso Yoshinaka, elle suivit ce dernier dans les guerres de Gempée jusqu'à sa défaite et à sa mort. Capturée par Wada Yoshinori, elle devint sa concubine et en eut un fils célèbre par sa force, Asahina Saburo Yoshihide.

Au revers du couvercle, c'est le Fujiyama, en laque d'or sortant des nuages, et, au pied de la montagne, des bois de pins.

Attribué à **Ogata Kworin.**

69. — Écritoire rectangulaire, en laque brun richement décoré en nacre (aogai), dans le style chinois, de personnages devant l'entrée d'une habitation.

Autour du médaillon central, court, également en incrustations de nacre, un décor de fleurettes fantaisie se poursuivant jusque sur les faces latérales de l'écritoire.

La boîte repose sur quatre petits pieds d'angle.

xviiᵉ-xviiiᵉ siècle.

70. — Écritoire rectangulaire, formant aussi boîte à papier.

Sur un joli fond de laque hirame, un jeune enfant, en laque d'or, tente d'entraîner un bœuf, ciselé en haut relief de shakudo.

Sur les faces latérales, un paysage se poursuit, en laque d'or.

Au revers du couvercle, sur fond nashiji, une glycine courant sur un treillage.

Un plateau supérieur contient la pierre à encre et le mizuire d'argent, ciselé de l'armoirie des Matsura.

Jolie pièce attribuée à **Kajikawa II.**

71. — Écritoire rectangulaire, en laque noir, imitant la texture d'une étoffe.

Dans un médaillon, se détache en relief de poterie d'or, la figure de Raïden, le dieu du tonnerre, brandissant la foudre, ou frappant des tambours, apparaissant au milieu de nuages en togidashi.

Au revers du couvercle, près d'une gerbe fleurie, passe au clair de lune, Narihira, portant sur son dos une jeune princesse : leurs figures sont en application de poterie.

Au fond de la boîte, un décor de fleurettes en laque d'or et nacre

Mizuire en bronze ciselé et pierre à encre signée : Omori Hisatane; cachet : Chukwa; habitant Akamagasaki (endroit célèbre pour ses ardoises).

Cachet : **Kwan (Ritsuo).**

72. — Écritoire rectangulaire, en bois naturel, décoré en très haut relief de laque d'or, avec incrustations de nacre, d'ivoire, de corail et de pierres diverses, de deux oiseaux picorant des baies dans un arbre en fleurs.

Au revers du couvercle, en relief de laque d'or sur un fond nashiji, un char de princesse, arrêté sous un érable.

Le fond de la boîte, aventuriné, comprend la pierre à encre et le mizuire d'argent gravé de rinceaux fleuris.

Attribué à **Hanzan.**

73. — Écritoire de forme carrée, les angles arrondis.

Sur le fond de laque noir s'ouvre un médaillon par lequel une jeune femme en buste, contemple un jeune chien jouant avec une sandale.

Très beau travail de poterie et de laque d'or.

Cachet : **Kwan (Ritsuo).**

74. — Grande écritoire rectangulaire aux coins arrondis. Sur un fond de laque noir, légèrement poudré d'argent, Daruma est accroupi dans un manteau rouge rehaussé de laque d'or :

L'apôtre du Bouddhisme est assis, en méditation, au milieu de hauts rochers.

Au revers du couvercle, sur fond rouge brun, cinq jarres à sake, en écaille, corne, plomb, or et laque, toutes richement décorées.

Les faces latérales sont joliment décorées de rinceaux stylisés en chinkinboro.

Mizuire imitant un papillon, en métal laqué d'or.

Jolie pièce du xviie-xviiie siècle.

75. — Jolie écritoire de forme rectangulaire, en laque brun, décorée en incrustations de pierres diverses et de nacre, d'un lion chimérique bondissant au milieu de pivoines en fleurs, emblème de la puissance royale.

Très beau travail attribué au début du xviiᵉ siècle.

76. — Écritoire de forme rectangulaire en bois naturel offrant en relief de laques divers et de corne trois petits personnages dont un enfant qui semble assoupi.

Pierre à encre originale avec caractères.

Attribué à **Hanzan**.

xviiiᵉ siècle.

77. — Écritoire primitive, formant boîte à papier, de forme rectangulaire, en vieux laque rouge japonais, décoré en polychromie d'une scène de rue où s'agitent de nombreux personnages.

Les faces latérales de la boîte sont décorées d'une fine sparterie ayant l'aspect d'une juxtaposition de petits troncs de bambous.

La couleur du laque et le caractère du dessin permettent d'attribuer cette boîte au début de l'art du laque au Japon, sous l'influence chinoise.

Très belle pièce du xviⁱ siècle.

78. — Écritoire rectangulaire, aux angles abattus, lobés et décorés au laque d'or.

Sur un fond aventuriné, un décor de laque d'argent et laque rouge ; Shoki apparaissant sur un nuage, son glaive à la main, poursuivant un oni qui vient de dérober l'image d'un petit temple bouddhique.

Au revers du couvercle, trois chevaux se désaltérant à de petites mares : les chevaux sont exécutés en laques imitant le bronze mokumé (martelé d'or).

L'intérieur de la boîte, en laque mura-nashiji, contient la pierre à encre et un ravissant mizuire en bronze, d'aspect rocailleux et décoré de taches d'émaux translucides.

Attribué à **Kajikawa**, *le 1ᵉʳ du nom*.

79. — Écritoire rectangulaire, en bois naturel, le tour du couvercle à biseau décoré sur nashiji de légers rinceaux d'or.

Sur le fond ambré du bois se détache, en poterie ivorine, un gracieux héron au milieu d'herbes aquatiques.

Le fond de la boîte et le revers du couvercle sont décorés de branches de pins en laque d'or sur nashiji.

Cachet : **Kwan (Ritsuo).**

80. — Écritoire de forme rectangulaire, en ancien laque tsuishu, décorée sur un fond brun, en relief de laque rouge, de jolies branches de chrysanthèmes habilement sculptées.

Sur les faces latérales de la boîte, également sculptés en relief, quatre décors de motifs fleuris et de tigres.

xviiie siècle.

81. — Écritoire rectangulaire, supportée par quatre petits pieds, en bois naturel, largement incrusté d'un motif de nénuphars en plomb, laque d'or et nacre.

Au revers du couvercle et au fond de la boîte, des pousses de fougères en laque d'or sur un fond de plomb rugueux.

Jolie pièce du style de **Koyetsu.**

82. — Écritoire carrée à angles en biseau. Sur un fond de laque d'or mat, kinnji, se détache en haut relief de laques divers, d'une étonnante vigueur, une coiffure de la danse Bugaku, dont tous les détails sont exécutés avec une rare minutie.

Au revers du couvercle, sur nashiji, un sho en laque brun, une flûte dans son étui de brocart vert et or, et trois feuilles d'érable.

xviie-xviiie siècle.

83. — Écritoire carrée en laque noir, les bords abattus en biseau et couverts de laque d'or.

Sur ce fond sombre jaillit en relief de poterie, d'une grande finesse de ton, un petit personnage conduisant un éléphant de laque gris, sans doute le fameux pirate du xviie siècle, Kokusenya, dérobant un éléphant.

Au revers du couvercle un oiseau de paradis sur un tronc de prunier aux fleurs d'or et d'argent.

Style de **Ritsuo.**

84. — Écritoire rectangulaire, au couvercle légèrement bombé : sur un fond de nashiji sont représentées, en ors divers, des feuilles illustrant les cent poètes, accompagnées de poésies.

Le même décor retombe sur les faces latérales autour de la boîte.

Au revers du couvercle, une maison de thé est assise au milieu des herbes fleuries, au bord du ruisseau paresseux.

Au fond de la boîte, un bouquet d'herbes d'automne.

Très joli travail de laque d'or.

Attribué à **Kajikawa II.**

85. — Écritoire carrée, aux angles arrondis, le couvercle légèrement bombé. Sur un très beau fond de laque rouge se détachent, en laques d'or et d'argent, Fugen assis sur un éléphant, tenant un écran à la main, et un personnage à la coiffure bizarre, tenant à la main une canne à tête de renard.

Au revers du couvercle, en incrustations de nacre et laque d'or, un rosaire, un chasse-mouches et un lotus.

Mizuire en bronze représentant une tête de chimère.

xviiie siècle.

86. — Très jolie écritoire rectangulaire, en bois naturel à fortes nervures, décorée en laques divers et incrustations de nacre, de deux perdrix près d'une branche fleurie.

Au revers du couvercle, sur un fond brun à large piquetis d'or, un décor de roseaux devant le disque lunaire.

Mizuire en bronze ciselé d'un chrysanthème stylisé.

Signé : **Hanzan.**

xviiie siècle.

87. — Écritoire rectangulaire en laque couleur de bronze ; sur le couvercle, en haut relief brun et or, la figure de Raïden, le dieu du tonnerre, au milieu des nuages, frappant sur un tambour à l'aide de baguettes de nacre.

Intérieur en laque nashiji.

Très jolie pièce exécutée dans le style de **Ritsuo.**

88. — Magnifique écritoire en laque noir, le couvercle très bombé.
Sur le fond sombre du laque, en incrustations de plomb, un cerf est
accroupi, au clair de lune, au milieu d'herbes fleuries, en laque d'or
et feuilles d'or.

Au revers du couvercle, un bouquet d'herbes fleuries, en étain,
plomb et or.

Même décor sur les faces latérales autour du couvercle et dans le
fond de la boîte, contenant la pierre à encre et le mizuire en fer.

Très belle boîte attribuée à **Kwoyetsu**.

xvie siècle.

*Offerte par le baron Kawase, ambassadeur, au
Dr Dresser.*

89. — Élégante écritoire, de forme quadrilobée, en bois naturel,
très joliment décorée en incrustations de nacre, jade et porcelaine,
rehaussées de laques divers, de petits poissons nageant au milieu de
plantes aquatiques.

Au revers du couvercle, dans le même travail d'incrustations, des
papillons volent au-dessus d'une jardinière fleurie de chrysanthèmes.

Attribuée à **Hanzan**.

xviii^o siècle.

90. — Écritoire rectangulaire, d'aspect très primitif, en bois naturel, ornée sur le couvercle, en incrustations de plomb et de nacre,
d'une corbeille fleurie.

Au revers du couvercle, une branche fleurie, de même style.
Mizuire en bronze ciselé d'un chrysanthème.

Style de **Kwoyetsu**.

91. — Écritoire carrée aux angles arrondis, en laque noir.
Sur le couvercle, une riche ornementation de pivoines délicatement
nuancées, de rochers pavés d'or et de papillons nacrés.

Au revers du couvercle, dans un médaillon à fond noir, réservé
sur nashiji, une réunion de coquillages variés et d'algues diverses, en
laques et nacre.

Mizuire en bronze, représentant le Fujiyama au milieu des nuages.

Par **Kajikawa I**.

92. — Écritoire rectangulaire en bois naturel.

Sur le fond rugueux du bois, ressort en applications de porcelaine et de plomb, rehaussées de laque, une corbeille de fruits, ces derniers disposés sur une étoffe ancienne. A côté de la corbeille un bol s'égoutte sur une feuille de laque d'or.

Au revers du couvercle, sur nashiji, un chat, de laque blanc, guette un papillon attiré par des chrysanthèmes de nacre.

Signé : **Teiji** (*élève de Ritsuo*).

93. — Écritoire rectangulaire. Le couvercle simule une couverture de livre, en laque vert, portant le titre du volume, le célèbre : *Sazare Nikki*.

La couverture est ornée d'un bouquet de chrysanthèmes épanouis, en laques de couleurs.

Le pourtour de la boîte simule trois volumes superposés.

Attribuée à **Zeshin**.

94. — Très intéressante écritoire, en *poterie*, de forme rectangulaire, le couvercle légèrement bombé.

Sur un fond de poterie noire se détache en émaux de couleur un érable aux feuilles panachées.

Au revers du couvercle et dans le fond de la boîte, un décor d'herbes d'automne, silhouettées en noir sur le fond rose de la poterie.

Mizuire et pierre à encre, en poterie, de mêmes décors.

Pièce très curieuse signée : **Kwoyetsu**.

95. — Écritoire, de forme rectangulaire, en laque noir, les angles du couvercle abattus en biseau et décorés, en incrustations de nacre, d'un motif géométrique de fleurettes.

Sur le couvercle une terrasse fleurie sous laquelle est assis un personnage princier près duquel deux jeunes femmes jouent à une sorte de gô, des serviteurs apportent une tasse et un écran ; le tout en incrustations de nacre (aogai) d'une grande finesse.

A l'intérieur de la boîte, un décor similaire de branches fleuries.

XVIIIe siècle.

96. — Écritoire rectangulaire, en laque noir, le couvercle reposant à plat.

En laques d'or et d'argent, le Fujiyama se dresse fièrement, émergeant des nuages, cependant qu'à ses pieds, derrière un bois de pins, passent sur le lac des barques aux voiles gonflées par le vent.

Au revers du couvercle, sur nashiji, trois oiseaux pépient dans les bambous d'or.

Mizuire en bronze de forme quadrilobée et pierre à encre sculptée de feuillages.

Atelier des premiers **Koma**.

97. — Écritoire carrée, le couvercle fortement bombé, décoré en incrustations de plomb et de nacre et au laque d'or de deux cigognes posées dans les roseaux.

Au revers du couvercle et au fond de la boîte, un décor en laque d'or, de vagues déferlantes.

Signé : **Kworin**.

98. — Écritoire rectangulaire en bois naturel.

Un hibou, de poterie blanche, vient se poser sur une corbeille, en laque vert foncé, imitant le bronze et d'où sort la tête d'une serpette.

Le revers du couvercle et l'intérieur de la boîte, comprenant mizuire d'argent et pierre à encre, sont en laque mura-nashiji.

Cachet : **Kwan (Ritsuo)**.

99. — Écritoire rectangulaire en bois naturel sculpté et laqué, imitant l'aspect des laques kamakura.

Sur le couvercle, en haut relief, un lion chimérique bondit au milieu d'un enchevêtrement de pivoines fleuries dont les branches retombent sur le pourtour du couvercle et de la boîte.

L'intérieur en laque noir très sobre porte le cachet.

Cachet : **Hakkodo**.

100. — Très belle écritoire rectangulaire en laque d'or, décorée d'un marais animé de deux canards mandarins, l'un nageant, l'autre juché sur la pointe d'une roche toute scintillante d'une incrustation de cubes d'or.

Couvercle et boîte sont décorés, à l'intérieur, en léger relief de laque d'or sur fond aventuriné, de jolis massifs de chrysanthèmes en pleine floraison.

Mizuire en bronze, gravé d'un motif fleuri.

Attribué à **Kajikawa I.**

101. — Curieuse écritoire rectangulaire en écorce d'arbre, d'un ton de liège, sur lequel se détache en application de shakudo la silhouette, finement ciselée, d'une chauve-souris volant.

Au revers du couvercle, sur un fond nashiji, figure en laques d'or de différents tons, et laque d'argent, le dieu de la longévité, Fukuro-kujiu, accompagné du daim sacré.

Attribuée à **Zeshin.**

102. — Jolie écritoire de forme rectangulaire, les coins arrondis.

C'est sur le couvercle, en haut relief de laque d'or, un très beau décor de fleurs de camélias, aux cœurs formés par une véritable petite perle incrustée ; le semis de fleurs, qui se continue autour des parois latérales de la boîte est coupé de feuilles en laques sombres et incrustés de burgau, tranchant sur le fond brillant des fleurs.

Un papillon aux ailes d'or et de burgau vole de l'une à l'autre.

Au revers du couvercle un chat en laque d'argent est assoupi près de deux touffes fleuries.

Attribué à **Teiji (Sadaji).**

103. — Écritoire carrée en bois naturel.

Sur le fond joliment veiné du bois s'élève, en laque gris, le Fujiyama, sur lequel est accoudé un moine, aux chairs laquées argent et aux vêtements de laque d'or et de burgau.

Le « moine du Fujiyama » tient dans ses mains une petite barque à voile qu'il s'apprête à faire flotter sur le lac Biwa, au pied du mont.

Au revers du couvercle, sur fond nashiji, le disque argenté de la lune éclaire un bois de sapins, en togidashi, vers lequel se dirige un vol de corbeaux.

Ravissant mizuire en forme d'une baguette de shibuichi décorée en émaux cloisonnés de fleurettes polychromes.

xviiie siècle.

104. — Écritoire rectangulaire. Le centre du couvercle en laque d'or mat, est orné en incrustations d'écaille et de nacre, d'un cerisier en fleurs vers lequel se dirige une gracieuse mésange.

Ce panneau est encadré d'une zone de laque d'argent, décoré en togidashi d'or de motifs, d'oiseaux et de fleurs, stylisés.

Au revers du couvercle, en togidashi d'or sur fond noir, deux hérons perchés sur le tronc d'un arbre mort.

Attribué à **Shibeyama** *et un* **Shunsho**.

105. — Écritoire de forme rectangulaire, les angles lobés, les bords abattus.

Sur un fond de fin poudré nashiji, s'élève, en laque d'or, un décor d'arbustes et de lianes fleuries, près de bottes de paille liées.

Au revers du couvercle et au fond de la boîte, le décor, dans le style chinois, d'un paysage lacustre.

Attribué à **Kajikawa I**.

106. — Grande écritoire en bois naturel, de forme rectangulaire.

Sur le fond sombre se détache, en très haut relief de laques variés, ornés de pierres précieuses, un décor représentant un éléphant richement caparaçonné, sans doute en souvenir de l'éléphant envoyé par le Siam au Japon, pendant l'ère Kioho (1716-1735).

Le revers du couvercle et l'intérieur de la boîte sont en laque muranashiji, d'une belle tonalité.

Attribuée à **Ritsuo**.

Et ayant figuré comme telle à l'Exposition Universelle de Paris (1887) et Chicago (1903).

107. — Écritoire de forme rectangulaire en laque brun rouge, les coins arrondis.

Trois cigognes, au plumage d'or, survolent des rochers en laque d'or pavé de pépites, contre lesquels se heurtent et déferlent des vagues en togidashi d'or et d'argent.

Au revers du couvercle, trois cigognes en laque d'or sur un fond nashiji.

Joli mizuire en argent, la face supérieure formée d'une plaquette de nacre ambrée, sculptée d'un sanglier dans les herbes.

Attribué à **Kajikawa II.**

108. — Petite écritoire minuscule, les bords du couvercle abattus en biseau.

Sur un fond de nashiji d'or vert, se détache en laque d'or et incrustations de pierres diverses, un gracieux décor de branches de cerisiers.

Au revers du couvercle et dans le fond de la boîte, qui comprend pierre à encre et mizuire d'argent, un décor en togidashi d'or, de médaillons stylisés d'oiseaux et de fleurs.

Signé : **Jokasai.**

109. — Boîte écritoire rectangulaire, en *fer*, repoussé, sur le couvercle, d'un héron se réfugiant dans une touffe d'herbes.

Le revers du couvercle est laqué d'or : le fond de la boîte comprend la pierre à encre et le mizuire.

Atelier des **Myochin.**

BOITES A MÉDECINE
« *Inro* »

110. — Inro à quatre cases, en laque rouge *tsuishu*, sculpté de personnages jouant sur une terrasse-fleurie.

Netsuke en laque rouge et coulant labrador.

Début du xviii° siècle.

111. — Inro à trois cases, en laque noir veiné rouge, imitant l'écaille sur laquelle se détache, en haut relief de laque blanc, un crabe, et en incrustation de nacre une barque sur les flots.

Cachet de **Chikuki**.

Début du xviii° siècle.

112. — Inro à trois cases, offrant en relief de nacre et d'ivoire, sur un fond de laque couvert d'écaille, un pêcheur de corail et un cerf bondissant au-dessus des flots.

Attribué à **Kwoyetsu**.

Début du xviii° siècle.

113. — Inro à trois cases. Sur un fond de laque noir très poli et poudré d'or et d'argent s'enlève, en laque d'argent, une coquille d'awabi : sur l'autre face, en laques de couleurs, dansent des moineaux disposés en cortège et portant des attributs divers.

Signé : **Toyo** *ou* **Kwanshosaï**.

Fin du xviii° siècle.

114. — Joli inro à deux cases, de forme circulaire, en laqué rouge *tsuishu*, puissamment sculpté, en relief, de pivoines stylisées réservant un médaillon dans lequel s'éclaire, en nacre, une chimère.

Début du xviii° siècle.

115. — Inro à trois cases, en laque noir, décoré, en laques d'or et d'argent rehaussé de laque rouge, d'un coq, d'une poule et de poussins.

Atelier des **Koma**.

xviii° siècle.

116. — Inro à quatre cases, en laque rouge *tsuishu*, sculpté de deux oiseaux Hôo au milieu de buissons fleuris.

Intérieur en laque nachiji.

xviii° siècle.

117. — Inro à quatre cases, en laque noir finement incrusté de paillettes de nacre et de burgau, représentant un paysage lacustre exécuté dans le style chinois.

Les deux extrémités et les rainures de cordelières offrent un décor géométrique.

Fin du xviii° siècle.

118. — Inro à quatre cases, en laque rouge *tsuishu*, montrant des sages accompagnés de serviteurs se promenant sous les pins.

L'intérieur est en laque nachiji.

xviii° siècle.

119. — Inro à deux cases, de forme rectangulaire, en bois naturel, sculpté, sur une face de deux chimères, et sur l'autre d'un dragon enroulé sur lui-même.

Sur les deux petites faces, une poésie chinoise.

Signé : **Unanreï**, l'hiver de l'année **Kinoe inu**, de l'ère de **Bunkwa**.

(1815)

120. — Inro à quatre cases en laque d'or *taka makiye*, ciselé, en relief, d'une corbeille fleurie d'un bouquet de chrysanthèmes dont quelques fleurs sont rehaussées de laque d'argent.

Signé : **Jokasaï.**

Fin du xviiie siècle.

121. — Inro à quatre cases, en laque noir *ro-iro*, orné, en sablés d'or et d'argent, d'une branche de magnolia vers laquelle vole une gracieuse libellule aux ailes diaphanes et rosées.

Par **Shiomi Masasane.**

xviiie siècle.

122. — Inro à quatre cases, en bois de Hinoki, finement sculpté, dans le style chinois, d'un savant près d'une cascade et d'habitations au milieu des arbres.

xviiie siècle.

123. — Inro à quatre cases, en laque d'argent, décoré au laque d'or, sur une face de la bouilloire magique à tête de belette (*Bumbuku Chagama*) et sur l'autre d'un vase fleuri et d'instruments pour le Cha no yu, cérémonie du thé.

Par **Shibata Zeshin.**

(1807-1892).

124. — Inro à trois cases en bois naturel décoré en laque noir et application de poterie d'un coleoptère, dit Carabe et de glands.

Par **Kenya,** *élève de Ritsuo.*

xviiie siècle.

125. — Inro à cinq cases en laque noir, rehaussé de laque d'or et finement incrusté de nacre, représentant un sage et son serviteur sous un pin. Le pourtour de l'inro s'enrichit d'un encadrement de branches de glycine.

Au dos une inscription et le cachet de l'artiste :

Senshin, l'homme qui a dans l'esprit et les montagnes et les mers. **Kawashima.**

xviiie siècle.

126. — Inro à quatre cases en laque d'or *taka makiye*, offrant en relief un semis de chrysanthèmes stylisés.

> *Par* **Kajikawa II.**
> XVIIIᵉ siècle.

127. — Inro à trois cases, en laque *makiye* très finement poudré, sur lequel se détachent, en vigoureux relief d'or, un couple d'oiseaux Hôo, perché sur un arbre en fleurs.

> *Atelier des* **Kajikawa.**
> XVIIIᵉ siècle.

128. — Inro à trois cases en laque d'or mat, portant en relief de nacre et de plomb, une branche de cerisier fleurie.

> *Atelier de* **Kworin.**
> XVIIᵉ siècle.

129. — Inro à quatre cases en laque *mura-nashiji*, décoré en relief d'or d'un paysage lacustre bordé de hautes collines. Au bord de l'eau, écrivant une poésie, est accroupi un personnage de shibuichi rehaussé d'or.

> *Signé* : **Kakosai.**
> XVIIIᵉ siècle.

130. — Inro à quatre cases en laque *gyobu*, incrusté de nacre, offrant des barques chargées de chaume, sur les vagues de la mer.

> *Signé* : **Yoyusai** (Hara).

131. — Inro à quatre cases en laque *sumi-makiye*, décoré par un simple saupoudrage d'or et d'argent, d'une maisonnette au toit de chaume dissimulée dans les bambous.

> *Cachet* : **Shiomi Masasane** (Seisei).

132. — Inro à cinq cases en laque *hira-makiye* sur lequel s'enlèvent, en haut relief d'or, trois cigognes posées près du tronc noueux d'un cerisier en fleurs, au lever du soleil dont le disque rougeâtre paraît entre les fleurs.

> *Signé* : **Toshusai.**

133. — Inro à quatre cases en laque *ro-iro* finement incrusté de nacre chatoyante représentant un couple de chimères jouant avec leur petit au bord d'une cascade.

Atelier des **Somada.**

134. — Inro à quatre cases, en laque *oki-hirame*, sur le fond noir duquel jaillit, en incrustations de nacre et laque d'or, une libellule butinant un buisson de chrysanthèmes.

Par **Jokosai.**

xviiiᵉ siècle.

135. — Inro à trois cases en laque *hira-makiye* sur lequel court, en relief de nacre et d'émaux, une gracieuse branche de cerisier en fleurs.

Joli travail du xixᵉ siècle.

136. — Inro à trois compartiments, en *ivoire*, décoré de petits médaillons irréguliers, sertis d'écaille, et offrant en incrustations de nacre et de corail des oiseaux variés, dans les fleurs.

Signé : **Yanagawa Hirotada** (élève de Shibeyama).

xixᵉ siècle.

137. — Inro à trois cases, en *ivoire*, sculpté dans le style chinois, de deux panneaux de personnages accroupis sur un rocher ou dans les herbes.

L'inro est doublé d'écaille.

xviiiᵉ siècle.

138. — Inro à trois cases, en laque d'or mat, décoré en haut relief de nacre et de plomb, de branches fleuries et de pousses de fougères.

Attribué à **Ogata Kworin.**   Vente Gillot, n° 432.

139. — Inro à quatre cases, en laque noir *tsuikoku*, sculpté sur un fond rougeâtre de branches de chrysanthèmes stylisés encadrées par une frise de motifs géométriques.

xviiiᵉ siècle.

140. — Inro à trois cases en laque rouge *shu nuri*, décoré au trait sur un fond treillagé, d'oiseaux Hoô au milieu des nuages.

xviiie siècle.

141. — Inro à deux cases, en laque rougeâtre *guri*, sculpté de motifs floraux stylisés. Netsuké de même exécution.

Début du xviiie siècle.

142. — Inro à trois cases, de forme circulaire, en bois naturel, décoré au laque d'or de motifs floraux divers et en application de bronze d'un melon enfeuillagé.

Attribué à **Komin.**
xviiie siècle.

143. — Inro à trois cases, en laque *taka-makiye*, décoré de branches fleuries aux baies de corail et de turquoise.

Signé : **Gyokusensai (Torin)**.
xixe siècle.

144. — Inro à quatre cases, en laque *makiye*, décoré en relief d'or et d'argent, d'un courant rapide serpentant au milieu de rochers sur lesquels sont groupés trois personnages contemplant deux cygnes. Les deux coulisseaux sont en laque nashiji.

Attribué à **Shibata Zeshin.**
xixe siècle.

145. — Inro à une case en laque noir *tsuikoku*, sculpté sur un fond de vagues stylisées, de nombreux oiseaux Hôo, au milieu des nuages.

xviiie siècle.

146. — Jnro à cinq cases, en laque *taka-makiye*, décoré en léger relief des armoiries des familles Matsudaira (Shimabara) et Ii, de Hikone.

Signé : **Tsunekawa ou Josen.**
xixe siècle.

147. — Inro à quatre cases en laque d'or mat, offrant en relief de laque rouge, les figures des deux Nyo, gardiens fidèles à la porte des temples où ils empêchent les diables de pénétrer.

Signé : **Kajikawa.**

xviiᵉ siècle.

148. — Inro à quatre cases, de forme allongée, en *ivoire* sculpté, représentant les deux sennin Sofu et Kioyu.

« Quand l'empereur Yao invita Kioyu à devenir son conseiller, celui-ci préférant sa retraite solitaire, lava son oreille à une cascade proche pour en enlever l'offre tentante de l'Empereur. Son compagnon Sofu entraîna son bœuf qui se désaltérait à la cascade pour qu'il ne boive pas l'eau souillée. »

Signé : **Tsunehei ou Tsunehira.**

149. — Inro à cinq cases en laque *taka-makiye*, montrant un bûcheron revenant des bois, se reposant, accroupi devant une cascade dont il admire l'imposante chute.

Signé : **Kajikawa.**

xviiiᵉ siècle.

150. — Inro à quatre cases, en laque *gyobu* rehaussé de laque noir, offrant des attributs variés.

L'intérieur des cases est en laque nashiji.

xviiiᵉ siècle.

151. — Inro à quatre cases, en laque *togidashi*, finement décoré de plumes de paon aux pointes nacrées.

Signé : **Chikanao.**

152. — Inro à cinq cases, en laque *taka-makiye* et *kirikane*, montrant deux cigognes et des tortues marines sur un îlot planté de pins : réunion symbolique de félicité et de longévité.

Signé : **Koma Kioryu.**

xviiiᵉ siècle.

153. — Inro à trois cases, de forme rectangulaire, en laque *kiri*, décoré, au laque d'or avec incrustations de turquoise et de corail, de branches chargées de fruits.

Signé : **Shutsuyosai**.

154. — Inro à quatre cases, en laque *yasuriko nashiji*, décoré de maisonnettes perchées dans les rochers, près d'un torrent, au pied de hautes collines plantées de pins.

Atelier des **Kajikawa**.

XVIIIe siècle.

155. — Inro à cinq cases, en laque *nashiji*, décoré en laque d'or de différents tons, d'un joli buisson de chrysanthèmes. Le sol est marqué par un pavage de pépite, *kirikane*.

Atelier des **Kajikawa**.

XVIIIe siècle.

156. — Inro à une seule case, en laque *ro-iro*, décoré au laque d'or avec incrustations de nacre, de Shoki, son sabre à la main poursuivant un oni fuyant, épouvanté, sur une passerelle.

Style de **Soyetsu**.

XVIIe-XVIIIe siècle.

157. — Curieux inro, de forme tubulaire et carrée, en laque *taisha nuri*, décoré au laque d'or, de petits personnages juchés dans un gigantesque pin dont ils scient les branches.

Attribué à **Kajikawa Ier**.

XVIIe siècle.

Housse en soie ancienne brochée et coulant d'argent.

158. — Inro à trois compartiments, en laque d'or mat, ciselé de Hotei, son sac aux takaramono sur l'épaule, contemplant, avec deux enfants, son ombrelle qu'un coup de vent vient de lui ravir.

Signé : **Hanabusa Itcho**.

159. — Inro de forme rectangulaire en bois naturel, laqué et incrusté de nacre, représentant Sotoba Komachi, assise dans un bateau sous un saule, dont les branches tombent gracieusement sur l'autre face de l'inro.

Attribué à **Hanzan.**

160. — Inro de petite taille, à quatre compartiments, en laque *tame* décoré en polychromie de branches fleuries, légèrement dessinées.

Attribué à **Shunsho.**

XVIIIe siècle.

161. — Inro à trois cases, en laque *mura-nashiji* sur le fond sombre duquel jaillit, en un puissant relief d'or et d'argent, un tigre dans les bambous.

L'association fréquente du tigre et du bambou correspond à notre maxime que l'on a souvent besoin d'un plus petit que soi et que le puissant tigre est quelquefois heureux de se dissimuler sous l'abri protecteur de frêles bambous.

Pièce d'une jolie exécution.

Signée : **Koma Kioryu.**

XVIIIe siècle.

162. — Inro à quatre cases, en laque *nashiji*, décoré en relief d'or, de cerisiers en fleurs dans les rochers au pied d'une cascade : les rochers sont rendus en laque kirikane.

Attribué à **Shunsho.**

163. — Inro à trois cases, en laque *ro-iro*, décoré au laque d'or des chevaux de Bokuo, galopant sur des chemins traités en pavage de nacre.

Les coulisseaux et les extrémités sont également pavés de nacre à motifs géométriques.

Fin du XVIIIe siècle.

164. — Petit inro de forme arrondie, en *ivoire*, sculpté sur une face d'un tigre dans les bambous et sur l'autre d'un enfant effrayé par un éclair.

XVIIIe siècle.

165. — Inro à quatre cases, en laque *ro-iro*, finement incrusté de nacre, offrant un troupeau de chevaux sauvages, paissant ou jouant.

Les coulisseaux et les deux faces sont décorés d'une fine ornementation géométrique.

Atelier des **Soma.**

166. — Inro à quatre cases, en laque *tsuishu*, sculpté, sur un fond de rosaces géométriques, de personnages sous les pins.

XVIIIe siècle.

167. — Inro à quatre cases, de forme ovale, en laque *taka-makiye*, décoré d'un groupe d'enfants jouant, soufflant dans une trompette ou traînant un charriot contenant une corbeille fleurie de chrysanthèmes et de branches de cerisiers. Les têtes des enfants sont rapportées en ivoire finement ciselé, les fleurs en incrustations de nacre et de corail.

Signé : **Shibayama**, pour l'incrustation.
Shokwasai, pour le travail du laque.

168. — Très bel inro en laque *tame*, à quatre cases, incrusté de nacre et rehaussé de laque d'or, offrant un personnage et un bœuf au milieu des prêles.

Attribué à **Ogata Kworin.**
Début du XVIIIe siècle.

169. — Joli inro, à quatre cases, en laque *taka-makiye* d'une grande finesse d'exécution, représentant deux des dieux du Bonheur, dont les chairs sont en ivoire. Sur une face, danse Daikoku, son sac et son marteau dans le dos, un tsuzumi entre les mains ; sur l'autre, Yebisu, le patron des pêcheurs, debout, un éventail à la main, près d'un panier contenant une dorade.

A leurs pieds sont répandus les joyaux Tama, perle sacrée. Les deux amis dansent à l'occasion des fêtes du premier jour de l'an.

Signé : **Shibayama**, pour les incrustations.
Shokwasai, pour le laque.

170. — Très bel inro, à quatre cases, en laque d'or mat richement décoré de nacre et de plomb, montrant le Fujiyama émergeant des nuages. A ses pieds, de nombreux pins, joliment silhouettés.

Signé : **Kworin.**
Cachet : **Hoshuku.**

171. — Inro à quatre cases, en laque rouge *tsuishu*, sculpté de deux personnages contemplant une poésie que vient d'écrire un troisième personnage, accompagné d'un serviteur qui broie son encre. Intérieur en laque nashiji.

xviiiᵉ siècle.

172. — Inro à quatre cases, en laque d'argent, décoré en haut relief d'or avec incrustations de plomb et de nacre, de massifs fleuris.

Atelier de **Kworin.**

173. — Joli inro, à quatre cases, en laque *taka-makiye*, très finement ciselé du couple légendaire, Jo et Uba, sur la grève de Taka sago, sous un pin, dont ils ramassent les aiguilles. Les têtes sont en ivoire finement ciselé.

« Ce ménage célèbre au Japon personnifie Philémon et Baucis. »
La perfection de cette pièce permet de l'attribuer d'une façon presque absolue à **Kajikawa** et **Shibayama.**

174. — Inro à trois cases, en laque d'argent, rehaussé de nacre et de laque d'or, offrant un bouquet fleuri que survolent deux oiseaux, et des rateaux disposés au-dessus du lac.

Atelier de **Kworin.**

175. — Inro à une seule case, en laque *ro-iro*, ciselé de rinceaux fleuris et puissamment décoré d'un torii au milieu de pins de laque d'or, de plomb et de nacre.

Signé : **Kworin.**
Cachet : **Hoshuku.**

176. — Curieux inro, à trois cases, en bois naturel polychromé, sculpté de deux écureuils dans les vignes.

177. — Inro à trois cases, en laque tsuishu, décoré sur fond noir de motifs géométriques en spirale.

xviiiᵉ siècle.

178. — Inro à cinq compartiments, en laque vert, très finement décoré de deux manzaï, dont l'un, portant un riche costume à tête de shishi, poursuit deux enfants qui s'enfuient, apeurés.

Signé : **Yoyusai**.

179. — Inro à trois cases, en bois naturel, couvert d'une épaisse traînée d'or imitant un nuage, au centre duquel apparaît le dieu du Vent (en sanscrit, Vaya), tenant une banderolle incrustée en nacre.

« Ce décor est inspiré par la fameuse peinture de Kworin, appartenant au prince Satotaka Tokugawa, à Tokio. Kworin, lui, avait dans l'esprit le paravent célèbre de Sotatsu Tawaraya, conservé dans le temple de Kemningi, à Kioto. »

xviiiᵉ siècle.

180. — Inro à cinq cases, en laque noir *sumi-makiye*, décoré, au milieu d'un semis de chrysanthèmes stylisés en laque d'or, de deux caractères en laque rouge, symbole de la félicité, *Kotobuki*.

Atelier des **Kajikawa**.

181. — Très bel inro, à quatre cases, en laques polychromes sur fond brun, décoré dans le style chinois, des constructions d'un temple étagées dans un parc où circulent de nombreux personnages.

Très belle pièce attribuée au xviiᵉ siècle.

182. — Inro à quatre cases, en laque rouge *tsuishu*, d'une belle qualité, sculpté de trois personnages et de leurs serviteurs sur une terrasse fleurie.

Intérieur en écaille.

xviiiᵉ siècle.

183. — Inro à quatre cases, en laque *oki-hirame*, décoré en haut relief de laque d'or et de laque rouge, d'un cerisier en fleurs.

Atelier des **Kajikawa.**

184. — Inro à quatre cases, d'une exécution parfaite, en laque *yasuriko nashiji*, offrant sur les deux faces, trois faucons sur un perchoir de daimyo, dont l'un est traité en laque rouge, l'autre en laque d'argent, le troisième en laque d'or.

Quoique non signée, cette pièce paraît être l'œuvre de **Komin.**

185. — Petit inro à deux cases, en bois naturel, sculpté d'habitations au milieu des rochers et des arbres.

xviiie siècle.

186. — Inro à quatre cases, en laque d'or mat, d'une chaude tonalité, orné de nacre et de plomb, offrant un décor fleuri.

Signé à l'intérieur : **Seisei Kworin.**
xviiie siècle.

187. — Inro à quatre cases, en laque *makiye*, en forme d'une meule de blé, sur laquelle courent des liserons incrustés en nacre et burgau ; sur une face, liée à la gerbe, une serpe.

Attribué à **Hokyo Kworin.**

188. — Inro en bois naturel de *Hinoki*, sculpté sur les deux faces d'un gigantesque dragon dont le corps émerge partiellement des nuages.

xviiie siècle.

189. — Inro à trois cases, en laque d'argent, offrant en laque brun et rose, deux écureuils.

Signé : **Shiomi Masasane** (Seisei).
xviiie siècle.

190. — Très riche inro dit « de lutteur », à quatre cases, en laque *mura-nashiji*, décoré de cinq enfants costumés jouant sur une terrasse abritée par un pin.

Les têtes des cinq enfants sont en shakudo ; les corps en écaille, jade, lardite et bois, rehaussés de nacre et de pierres diverses.

Très beau type d'incrustations par **Shibayama**.

191. — Inro à quatre cases, en laque *mura-nashiji*, rehaussé de laque d'argent, présentant une rivière serpentant entre deux rives fleuries sur lesquelles se voient de nombreux temples.

Attribué à **Shunsho**.

192. — Inro à trois cases, en laque d'or mat, simplement décoré, en nacre et plomb, de prêles au clair de lune.

Le même décor se répète à l'intérieur de l'inro, sur le montant des cases.

Atelier de **Kworin**.

193. — Très bel inro, à quatre cases, en laque *kirikane*, sur fond d'or, très gracieusement décoré de branches de fougères aux feuilles chatoyantes de nacre.

Pièce d'un très bel effet décoratif.

Signé : **Koma Yasutada**.

xviiie siècle.

194. — Joli inro à cinq compartiments, en laque *togidashi*, richement décoré de deux perroquets sur leur perchoir, l'un en nacre d'une merveilleuse finesse d'exécution, l'autre en laques polychromes.

Signé : **Yoyusai**.

Début du xixe siècle.

195. — Inro à quatre cases, en laque *togidashi*, décoré au laque d'or d'une épaisse végétation au milieu de laquelle est accroupi un bœuf aux cornes de nacre.

Jolie pièce. *Signé :* **Shunsho** (Yamamoto).

196. — Inro à trois cases, en laque *togidashi*, décoré, en de nom-

breuses variétés de laques, d'un vol de papillons au milieu des fleurs.
Par Shunsho.

197. — Inro de forme circulaire, à deux cases, en bois naturel
sculpté d'un dragon dans les nuages.
Intérieur laqué rouge.

198. — Inro à quatre cases, en laque *nashiji*, décoré en relief de
laque d'or et d'argent de branches de gourdes « hyoyan ».
xviiᵉ siècle.

199. — Inro à quatre cases, en laque *nashiji*, saupoudré d'argent,
offrant en relief de laques divers, un hibashi devant un paravent et
divers attributs.
Début du xviiiᵉ siècle.

200. — Petit inro à deux cases, en *ivoire*, sculpté de deux médaillons à décor de chimères dans les pivoines.
xviiᵉ siècle.

201. — Inro à quatre cases en laque *hirame-ji* décoré au laque d'or
de fins médaillons fleuris et d'oiseaux Hoo.
Attribué à Shunsho.

202. — Inro à quatre cases, en laque *gyobu*, finement décoré des
trésors des Takaramono, attributs des dieux du Bonheur, tels que le
chapeau qui rend invisible (*Kakuregasa*), la bourse sans fin (*Kanebu-
kuro*), le maillet de Daïkoku (*Tsuchi*), le manteau protégeant contre les
esprits malins (*Kakure mino*), le joyau sacré (*Hojiu no Tama*).
xviiiᵉ siècle.

203. — Inro à cinq cases en laque *nashiji* décoré au laque d'or,
avec application de nacre et d'écaille, de branches fleuries.
Attribué à Shibayama.

204. — Inro à quatre cases en bois naturel, sculpté en haut relief,

sur un fond de vagues stylisées, d'un dragon apparaissant au milieu des nuages.

Début du XVIIIe siècle.

205. — Inro à quatre cases en bois naturel, sculpté d'un fin motif géométrique sur lequel se détache en incrustation de nacre le caractère du Bonheur *Kotobuki* au milieu de fleurettes de corail.

Cachet à l'intérieur : **Tame (Yoshiaki).**

206. — Inro à quatre cases, de forme ovale, en laque *taka-makiye* rehaussé de fines incrustations de corail et de malachite représentant des branches fleuries.

Signé : **Kajikawa**, le laqueur.
Shibayama, l'incrustateur.

207. — Inro à cinq cases en laque *nashiji*, finement décoré d'habitations assises au bord de la rivière, au milieu des pins.

Atelier des **Kajikawa.**

208. — Inro à quatre cases, en laque *taka makiye*, décoré de trois cigognes sous un arbre fleuri.

Netsuke en bois simulant une tortue, et pochette brochée.

Signé : **Shozan (Matsuyama).**
XVIIIe siècle.

209. — Inro à deux cases, de forme circulaire en laque *ro-iro*, décoré en puissant relief de laque d'or, d'oiseaux et d'arbres en fleurs.

Atelier des **Kajikawa.**

210. — Inro à quatre cases en laque *nashiji* décoré de chrysanthèmes stylisés disposés en semis irrégulier. Même décor sur le coulant et le netsuke bouton.

Attribué à **Shunsho.**

211. — Inro à deux cases en laque *ro-iro*, offrant en léger relief de laque noir et imitation de plomb, la silhouette de deux courges et d'un melon.

Signé : **Zeshin**.

212. — Inro à quatre cases en laque d'or mat, décoré dans le style chinois d'un estuaire et de maisonnettes.

Atelier des **Kajikawa**.

213. — Inro, dit « de lutteur », à deux compartiments, en laque *nashiji* silhouettant le Fuji-yama, émergeant des nuages, sur les flancs duquel pousse une riche végétation de pins et de cerisiers en fleurs.

Pièce très originale signée : **Kwoyu**.

214. — Inro à trois cases en bois naturel, sculpté d'un dragon au milieu des nuages. Les deux extrémités offrent, en incrustation de nacre, un décor géométrique.

xviiiᵉ siècle.

215. — Inro à secret, en bois naturel, sculpté en forme de bourse, joliment décorée au laque d'or de rinceaux fleuris, portant sur une face un « sho » en incrustation de plomb et laque rouge, et sur l'autre face une coiffure de danse de No en laque d'or et nacre.

Un ressort ouvre l'inro et dégage quatre petits tiroirs intérieurs.

Style de **Ritsuo**.

216. — Inro à quatre cases en laque *fundame*, finement décoré au laque d'or, d'un tigre échappé renversant trois personnages, aux vêtements finement incrustés de nacre. A terre un balai et un makimono. (Légende des quatre dormeurs.)

Signé : **Peint par Tatsuke Takayoshi**.

217. — Inro à quatre cases en laque *nashiji*, décoré en paillettes et haut relief d'or, d'un paysage montagneux et d'une cascade.

Atelier de **Kajikawa**.

218. — Inro à quatre cases, en *ivoire*, très finement orné en incrustations de nacres polychromes, de deux perroquets sur des perchoirs fleuris.

Très beau travail *signé* : **Shibayama.**

219. — Très bel inro, à quatre cases, en laque *Kirikane*, formant large pavage d'or, autour duquel s'enroule plusieurs fois un serpent en laque d'argent, donnant l'aspect du plomb.

La perfection du laqueur permet de l'identifier :

Koma Koryu.

Fin du xviiie siècle.

220. — Inro à trois cases en laque *togidashi*, décoré en polychromie d'un homme et d'une femme accroupis près d'un nécessaire à écrire, contemplant leur compagnon qui accroche une poésie à la branche d'un arbre en fleurs.

A leur côté un petit serviteur avive les cendres d'un hibashi.

Signé : **Toundo Ryugyokusai.**

xviiie siècle.

« Le terme Tundo est ici le surnom d'atelier de l'artiste. »

221. — Inro à quatre compartiments en laque *gyobu*, décoré de trois chiens jouant sur la terrasse d'un palais.

Jolie pièce du xviie siècle.

222. — Curieux inro à quatre cases, en laque d'argent, offrant en relief de laque d'or, les armoiries des Tokugawa, au milieu de rinceaux fleuris et d'oiseaux Hôo.

Intérieur en laque nashiji.

Attribué à **Zeshin.**

223. — Inro à quatre cases en laqué *gyobu*, décoré en léger relief d'un paysage de style chinois, animé de petits personnages dont quelques-uns en barque.

xviie siècle.

224. — Inro à trois cases, en laque brun sur fond de papier mâché, offrant un large décor de haricots enfeuillagés, en laque d'or, plomb et nacre.

Signé : **Kishi.**

225. — Petit inro d'enfant, à une case, de forme circulaire, en laque *guri*, brun rouge, sculpté d'une rosace stylisée.
Tube intérieur en argent.

xviiie siècle.

226. — Inro à quatre cases, en laque *ro-iro*, décoré en laque d'or et laque brun d'insectes variés, papillons, sauterelles, etc.

Œuvre d'un **Koma.**

227. — Très bel inro, à trois cases, en laque brun, ayant l'aspect de l'écaille, décoré au laque d'or et incrusté de nacre, offrant des saules et des bambous au bord d'un ruisseau.

Ecole de **Kworin.**
xviie siècle.

228. — Grand inro à quatre compartiments en laques *makiye* et *nashiji*, décoré dans le style chinois de nombreuses maisons à l'estuaire d'un fleuve.

Début du xviiie siècle.

229. — Inro à trois cases en laque *ro-iro*, décoré sur les deux faces, d'écrans en laque d'or finement ciselés et incrustés de nacre.

Attribué à **Soyetsu.**

230. — Inro de forme longue et étroite, à cinq compartiments, en laque *ro-iro*, offrant en laque d'or, feuille d'argent et nacre, les armoiries des Ogasawara, de Karatsu (Hisen).

Attribué à **Soyetsu.**
xviiie siècle.

231. — Inro à quatre cases en laque *ro-iro*, décoré en léger relief de laque noir, d'une pie sur la branche d'un arbre.

xviiie siècle.

232. — Inro à quatre cases en laque *togidashi* décoré en polychromie, du bac du passeur traversant de nombreux passagers.

Attribué à **Shunsho**.

233. — Inro à quatre cases en laque d'argent décoré en laques divers d'un petit personnage portant une lanterne, s'enfuyant devant l'apparition du *Bakémono* (sorte de démon) *Mikoshi Niudo*, chauve, portant un seul œil au milieu du front et tirant une langue rouge.

Signé : **Koma Yasutada**.

xviiie siècle.

234. — Inro à quatre cases. Encadré de laque rouge *tsuishu* à décor géométrique, un médaillon à fond d'or est réservé sur chaque face, décoré à l'encre de Chine d'un petit paysage et en léger relief de laque d'or de glycines en fleurs.

OEuvre d'un **Koma**.

235. — Inro à trois cases en laque *ro-iro*, finement incrusté de nacre, décoré d'un paysage chinois au bord d'une rivière.

xviiie siècle.

236. — Inro à quatre cases en laque *togidashi*, décoré en noir d'un bœuf qu'un enfant s'efforce vainement de retenir à l'aide d'une corde.

Signé : **Shiomi Masasane**.

237. — Inro à trois cases en laque d'or mat, décoré en larges applications de nacre et de plomb de branches de cerisier fleuri.

Signé : **Kworin**.

Cachet : **Iryo**.

238. — Curieux inro à quatre cases en fine *sparterie*, accompagné d'un netsuke similaire, décoré au laque d'or de branchages fleuris.

Début du xviiie siècle.

239. — Inro à trois cases en laque *fundame*, décoré à l'encre de Chine, sur une face du Fuji-yama au milieu des nuages, sur l'autre d'une forêt de pins.

L'inro glisse dans un montant décoré de laque blanc coquille d'œuf.

Jolie pièce par **Koma Kioryu.**

240. — Inro à quatre cases en laque nashiji, décoré en relief d'or, d'un paysage de rivière au milieu des pins aux branches incrustées d'or et d'argent.

xviie siècle.

241. — Inro à quatre cases en laque *taka-makiye*, offrant en léger relief finement ciselé, la figure de Fukurokujiu s'appuyant sur un long bâton noueux, accompagné du cerf sacré, et montrant du doigt à un enfant une grue qui vient s'abattre sous le pin qui les abrite.

Les chairs des deux personnages sont en ivoire finement sculpté.

Signé : **Saito,** laqueur.
Shibayama, incrustateur.

242. — Inro à quatre cases en laque *nashiji* très joliment décoré d'une haie de chrysanthèmes masquant à demi un store sous lequel est accroupi un chat.

Jolie pièce *signée* : **Kajikawa.**
Cachet : **Hana.**

243. — Inro à quatre cases en laque *mura-nashiji.* Sur le toit d'une chaumière est perché un coq, finement campé en laques polychromes. Le reste de l'inro est garni d'un épais bouquet de bambous aux feuillages d'or.

Signé : **Koma Kwansai.**

244. — Inro à quatre cases en laque *mura nashiji* décoré d'un bac de passeur chargé de nombreux passagers, suivant les berges de la rivière, plantées de bambous.

Œuvre de **Shunsho.**

245. — Inro à quatre cases en laque *gyobu* montrant une scène de bataille où se poursuivent de nombreux guerriers.

Début des **Kajikawa.**

xviie siècle.

246. — Inro à trois cases en laque *taka-makiye*, représentant sur une face un paon faisant la roue, l'extrémité des plumes incrustée de nacre, et sur l'autre face un paysage à l'encre de Chine.

Signé : fait par **Yamada Yoshiaki.**

D'après une peinture de **Hógen Terunobu.**

247. — Inro à quatre compartiments en *galucha*, réservant sur chaque face un médaillon de laque *ro-iro*, au centre desquels se détache en haut relief de laque un dragon au milieu des nuages.

xviie siècle.

248. — Inro à cinq cases en laque *taka-makiye*, décoré d'une hotte de pèlerin posée sur un rocher près du ruisseau, à l'ombre des pins et des érables.

Signé : **Kajikawa.**

Cachet : **Sei.**

249. — Inro à cinq compartiments en laque nashiji, réservant en laque d'or trois éventails décorés d'herbes d'automne et de canards mandarins.

Atelier des **Kajikawa.**

xviiie siècle.

250. — Inro à quatre cases en laque *nashiji*, décoré au laque d'or d'un vol de grues s'abattant sous un pin.

Atelier des **Kajikawa.**

251. — Inro à trois cases, en forme d'œuf, en laques *nashiji* et *Kirikane*, décoré d'un bouquet de chrysanthèmes aux fleurs de nacre poussant derrière une haie, près d'un rocher.

Œuvre de **Kajikawa.**

xviie siècle.

252. — Inro à cinq cases en laque *yasuriko-nashiji*, décoré en haut relief d'or pailleté, d'une maisonnette perchée sur un rocher, sous un pin, au pied de la cascade.

Atelier des **Kajikawa.**

253. — Inro à deux cases, de forme rectangulaire, en très beau laque d'or. Sur une face un couple de cormorans en laque d'argent, l'un perché sur la pointe d'un rocher, l'autre plongeant à la poursuite d'un poisson : sur l'autre face une corde tendue au travers de la rivière soutient des plumes dont les couleurs éclatantes sont rendues en émaux cloisonnés.

Très belle pièce signée : **Koma Kioryu.**

254. — Inro à deux cases en bois naturel, sculpté d'une carpe s'efforçant de remonter une chute d'eau, emblème de la persévérance et allusion au conte chinois qui veut qu'un esturgeon remonta le cours rapide du Hang-Ho, traversa les rapides du Lung Men (Porte du Dragon) le 3e jour du 3e mois et se transforma en dragon.

xviiie siècle.

255. — Inro à quatre cases en beau laque rouge, décoré en relief d'or et d'argent, d'un faucon perché sur le tronc d'un arbre mort, menaçant un jeune singe qui se dissimule, effrayé, sous un rocher.

Œuvre d'un **Koma.**

256. — Inro à trois cases, dont chacune est décorée au pourtour, sur fond d'or ou de couleurs, d'un motif d'étoffes à dessins géométriques exécutés avec une finesse et une sûreté de pinceau remarquables et rehaussé de minuscules incrustations de burgau.

En incrustation de nacre plusieurs chevilles d'instruments de musique.

Œuvre de **Koma Kwansaï.**

257. — Inro à quatre cases en laque *gyobu*, décoré d'un semis serré de branches fleuries, chargées de baies aux cœurs incrustés de burgau.

Attribué à **Jokosaï.**

xviie siècle.

258. — Inro à quatre cases en laque *ro-iro* décoré en incrustations de plomb et de nacre rehaussées de laques d'or de feuilles de lierre.

Ecole de **Kworin**.

259. — Inro à trois cases en laque *hirame* décoré en haut relief de laques polychromes, d'un coq et d'une poule.

Œuvre d'un **Koma**.

260. — Inro à quatre cases en laque *togidashi* décoré en fin poudré d'or, de deux carpes jouant dans les flots.

Attribué à **Shunsho**.

261. — Inro à quatre cases en laque d'or mat, décoré en incrustations de nacre et de plomb, d'un cerf et d'une biche et de feuilles de Kiri.

Signé intérieurement : **Seisei Kworin**.

262. — Inro à quatre cases en bois naturel, décoré au laque d'or de Raïden, le dieu du tonnerre, au milieu de nuages en laque brun, rugueux.

Signé : **Kworin**.
Cachet : **Hoshuku**.

263. — Très bel inro à quatre cases en laque *taka-makiye*, décoré en haut relief de Susano-o No Mikoto, terrassant le dragon à huit têtes qui terrorisait Kushinada Hime, en enivrant le monstre avec huit jarres de sake — une pour chaque tête — et en coupant les huit têtes d'un seul coup de sabre.

Une des faces de l'inro le représente luttant avec le dragon, l'autre face nous montre Kushinada Hime, la fille du roi de Izumo, se cachant la figure pour ne pas voir le terrible combat.

Après la mort du dragon, elle épousa le courageux guerrier.

Très beau travail de laque.

Signé : **Kwansai**.

264. — Inro à trois cases en laque bronzé, semé de petites parcelles

d'argent, au milieu desquelles se détachent en laque *ro-iro* poudré d'or, trois corbeaux.

Œuvre de **Koma Kioryu**.

265. — Inro à trois cases en bois naturel décoré au laque d'or avec incrustations de nacre et de plomb de trois grues dans les plantes aquatiques.

Ecole de **Kworin**.

266. — Inro formé de trois cases bombées, donnant à la boîte un aspect cannelé, en laque *gyobu*, décoré de deux grues penchées au-dessus d'un cours d'eau rapide, guettant une proie.

xviiᵉ siècle.

267. — Inro à quatre cases en laque *togidashi* finement décoré de nombreux personnages dessinant et peignant.

L'inro se glisse dans un cadre en laque *makiye* décoré en léger relief, de chrysanthèmes et de bambous.

Œuvre de **Shunsho**.

268. — Inro à secret, de forme rectangulaire, en laque *togidashi* joliment décoré sur une face d'un bac de passeur lourdement chargé traversant le fleuve à l'aide d'un câble tendu, et sur l'autre face de plusieurs pins devant le disque rosé du soleil couchant.

Cette face, d'une réelle perfection de laque, est d'un bel effet décoratif.

Une des petites faces, glissant, découvre les tiroirs intérieurs en laque nashiji.

Œuvre de **Koma Kioryu**.

269. — Inro à deux cases en *ivoire*, de forme aplatie, merveilleusement incrusté de nacre, d'écaille et de corail, le décor représentant un couple de personnages au milieu de branches fleuries et trois canards jouant sur un ruisseau limpide. L'intérieur est en laque nashiji.

Très beau travail de **Shibayama**.

270. — Inro à une seule case, en forme d'une pochette, en laque *togidashi* finement décoré de fragments d'étoffes brochées.

Œuvre de **Shunsho**.

271. — Inro à trois cases, en laque *nashiji* sur fond mordoré, offrant en relief une figure d'Hotei soulevant le joyau Tama. A côté de lui son sac près duquel un enfant le regarde.

Style de **Soyetsu**.

XVIIᵉ siècle.

Vente Gillot, n° 375.

272. — Inro à quatre cases en très beau laque *oki-hirame* décoré en fort relief de laque brun imitant le fer, d'une langouste et de poissons divers.

Œuvre de **Taishin**, *élève de* **Zeshin**.

273. — Inro à quatre cases en laque *ro-iro*, décoré au laque d'or de carquois, de flèches et d'écrans.

Style de **Soyetsu**.

XVIIᵉ siècle.

Vente Gillot, n° 374.

274. — Inro à quatre cases en laque *nashiji* décoré au laque rouge avec incrustations de nacre de roseaux et de fleurs de datura.

Style de **Kwoyetsu**.

XVIᵉ siècle.

Vente Gillot, n° 405.

275. — Inro à quatre cases en laque *tame*, couleur d'écaille, décoré en nacre et laque d'or de maisonnettes au milieu des arbres.

Signé : **Seiseisai Kworin**.

Vente Gillot, n° 404 *b*.

276. — Inro à cinq cases en laque. Chaque case est décorée au pourtour sur fond de laque noir ou sur fond burgauté, de petits motifs géométriques.

Les deux coulisseaux sont en laque *kirikane*.

Œuvre de **Koma Kwansai**.

277. — Inro à quatre cases en laque rouge décoré en fort relief de laques divers, de manches de Kozuka et de Kogaï, finement décorés et imitant des métaux précieux.

Signé : **Koma Kwansai.**

278. — Inro à quatre cases en laque *iro-makiye*, veiné vert, rouge et noir, sur lequel se détache en laque d'or et plomb, la figure d'un personnage demi-nu fumant sa pipette près de la lanterne d'un temple sur laquelle rampe un escargot, que le personnage enfume.

Signé : **Kwansai.**

279. — Inro à quatre cases en laque *kirikane* sur fond de laque brun décoré, en laques imitant divers métaux et incrustés de nacre, de pièces de monnaies anciennes.

Œuvre de **Taishin**, *élève de* **Zeshin.**

280. — Inro à quatre compartiments en laque *togidashi*, décoré en tonalités très douces de laques d'argent, de deux branches de chrysanthèmes épanouis et de papillons.

Signé : **Juho.**
Cachet : **Juho** *ou* **Toshi Toyo.**

281. — Inro à deux cases en laque *mura-nashiji*, décoré sur une face d'un arbre chargé de baies de corail et sur l'autre d'une grenade entr'ouverte, dont la chair est formée par de véritables prismes d'améthyste incrustés.

Très beau travail signé : **Okuda (Yoshitsura).**

282. — Inro à quatre cases en laque *taka makiye*, rehaussé de laque rouge, représentant un samurai déguisé en pèlerin et trois enfants, des hottes dans le dos, glanant.

Signé : **Kajikawa.**

283. — Inro à quatre cases en laque *guri*, joliment décoré d'un couple d'oiseaux dans les arbres en fleurs.

xviiie siècle.

284. — Inro à quatre cases en laque *togidashi*, décoré en polychromie du cheval de Kose Kanaoka paissant près de l'entrée du temple.

« Kose Kanaoka, célèbre peintre du ix° siècle, est réputé pour avoir
peint avec tant de véracité un cheval destiné à orner le temple de
Ninnaji, près de Kyoto, que celui-ci quitta la toile et se mit à paître
près du temple jusqu'à ce qu'un des moines eut ajouté une longe et
un piquet à la peinture. »

Œuvre de **Shunsho**.

285. — Inro à quatre cases en laque rouge décoré en haut relief
d'or et incrustations de nacre d'une figure de Shoki, son sabre à la
main poursuivant un oni, qu'il soupçonne de s'être dissimulé sous des
rochers près d'un pin.

L'intérieur de chaque case est décoré de motifs, de fleurs ou de
fruits en laques polychromes.

Œuvre d'un **Koma**.

286. — Inro à trois cases en laque d'or mat, décoré en plomb et
nacre d'un vol de passereaux au-dessus des flots de la mer.

Signé intérieurement : **Kworin**.

Vente Gillot, n° 484.

287. — Inro à quatre cases en laque *gyobu*, décoré en très fort
relief de laque d'argent finement ciselé, d'un aigle remontant dans son
aire, un poisson dans les serres.

Très beau travail signé : **Tatsuke Ryueki** *ou* **Takamasu**.

288. — Petit inro à quatre cases de forme hexagonale, en laque
nashiji, décoré au laque d'or, d'oies dans les roseaux.

xviii° siècle.

Vente Gillot, n° 408 *c*.

289. — Inro à quatre cases en laque *ro-iro*, très finement décoré
au laque d'or, rehaussé d'inscrustations de nacre, de bambous et de
chrysanthèmes.

Sur les deux petites faces, un décor de motifs géométriques en nacre.

Œuvre de **Koma Yasuhiro** *ou* **Anko.**

290. — Inro à trois cases en laque d'or mat, décoré en incrustations de plomb et de nacre, d'un bouquet de pins auprès d'un pont.

Atelier de **Kworin.**

Vente Gillot, n° 489.

291. — Inro à quatre cases en laque *gyobu*, décoré en laque noir, d'un dragon émergeant de nuages d'or.

xviie siècle.

292. — Curieux inro à deux cases, de forme rectangulaire, en bois de *sakura* (cerisier) décoré en relief de laque imitant la poterie, d'un melon, de feuilles et de noix.

Style de **Ritsuo.**

293. — Inro à une seule case en écorce de bois de *kiri*, décoré en laque hirame, nacre et plomb, de plantes d'eau.

Probablement par **Seiji** *ou* **Tadaji.**

294. — Bel inro en laque *ro-iro*. Sur la face antérieure, en relief de poterie finement modelée, se détache la figure de Kwannon. Sur l'autre face une feuille aquatique en laque imitant le plomb.

L'inro s'ouvre par la petite face supérieure qui forme tiroir à trois compartiments en laque nashiji.

Cachet : **Kwan (Ritsuo).**

295. — Très bel inro à quatre cases en laque *taka-makiye*, représentant l'épisode de Chorio échappant au dragon et tendant à Kosekiko qui passe à cheval sur le pont, le soulier que ce dernier venait de laisser choir dans l'eau.

« D'après la légende taoïste, Chorio, un héros chinois, revenait solitaire, après avoir été vaincu par l'Empereur à la bataille de Hsiai Hai, lorsqu'en traversant un pont sur la rivière I, il remarqua un vieillard misérable, à cheval, qui se désolait d'avoir laissé choir dans la rivière une de ses chaussures. Chorio, pris de pitié pour le pauvre vieillard, et malgré un terrible dragon qui habitait la rivière, alla chercher la chaussure qu'il tendit à Kosekiko. »

Attribué à **Koma Kwansai.**

296. — Inro à deux cases, en bois naturel sculpté de motifs flo-raux.

XVIIIe siècle.

297. — Inro à cinq cases en laque *nashiji*, offrant, en laques de bronze et d'argent, trois chevaux sauvages joliment dessinés.

OEuvre de **Kajikawa.**

298. — Inro à cinq cases, en laque *nashiji*, décoré en relief dans une grande variété de laques de branches de cerisier dans lesquelles pendent des poésies (tanjyaku).

Œuvre de **Koma Kwansai.**

299. — Inro à une case en laque *taisha nuri*, offrant en laque d'or et nacre un bouquet de chrysanthèmes vers lequel se dirige un papillon aux couleurs éclatantes.

Signé : **Shigékata.**

300. — Inro à quatre cases en laque *taka-makiye*, décoré sur une face, d'une jeune femme portant une boîte à manuscrit (fumi-bako) et sur l'autre face, d'un personnage costumé en danseur de Nô, portant sur l'épaule une branche fleurie où pendent des poésies.

Signé : **Kajikawa.**

301. — Inro à quatre cases en très beau laque *taka-makiye* présen-tant un couple de vautours, l'un d'eux perché sur un pin, l'autre pour-suivant un petit oiseau.

OEuvre de **Toshusai.**

302. — Inro à quatre cases, une face en laque *togidashi*, l'autre en laque *taka-mahiye*, représentant une poule regardant un paravent décoré d'un coq et de bambous.

Signé : **Kajikawa Hidetaka.**

303. — Inro à quatre cases en laque rouge tsuichu, sculpté, dans le style chinois, de personnages sur une terrasse fleurie. Netsuke bouton du même travail ; coulant en ivoire portant une inscription.

xviii° siècle.

304. — Très curieux inro à deux cases, en forme d'un disque, décoré sur un fond de laque *makiye*, d'une chimère kilin accroupie et d'une branche de chrysanthème.

La partie extérieure, circulaire, est en laque *oki-hirame* et porte pour le passage de la cordelière deux petits orifices ornés de fleurs de cerisier en *shibuichi*.

xvii° siècle.

305. — Inro à trois cases en laque *togidashi*, d'harmonie brune, décoré d'un sanglier endormi dans les herbes au clair de lune.

Œuvre de **Shiomi Masasane.**

306. — Inro à quatre cases en laque *taka-makiye*, très finement décoré en laques variés, d'un troupeau de chevaux sauvages.

Atelier des **Kajikawa.**

307. — Inro à quatre cases en laque *ro-iro*, portant en relief de laque d'or, un semis de chrysanthèmes alternant avec diverses façons d'écrire le caractère de félicité *Kotobuki*.

Signé : **Shutsuyosai.**

308. — Inro, dit « de lutteur », à deux cases, de forme rectangulaire, en laque *togidashi*, représentant deux femmes maîtrisant un chien et un petit porteur de saké qui s'enfuit, épouvanté, devant l'animal.

Cachet : **Shiomi Masasane (Seisei).**

309. — Inro à quatre cases en bois naturel décoré en laque d'or et nacre d'un écran sur lequel sont représentés des insectes, et d'un miroir portant une inscription : *reproduction d'un précieux miroir* « *Mei kyo mu dai* » signifiant « très beau miroir sans son porte-miroir ».

Attribué au xviiᵉ siècle.

310. — Très joli inro à quatre cases en laque *gyobu*, décoré au laque d'or avec incrustations de nacre et de plomb, d'un oiseau, d'une haie et d'un pin.

Attribué à **Tsuchida Soyetsu**.

311. — Inro à trois cases en laque *togidashi* décoré en poudre d'or de deux rats.

Cachet : **Shiome Masasane**.

312. — Inro à trois cases en laque *ro-iro*, très finement incrusté de burgau, dans le style chinois, d'un paysage maritime.

xviiiᵉ siècle.

313. — Inro à quatre cases, de forme très allongée en laque *ro-iro*, décoré en haut relief d'or et incrustations diverses, d'un tigre dans les bambous.

Œuvre des premiers **Koma**.

314. — Inro à quatre cases en laque *togidashi*, décoré en un fin poudrage d'or, d'une grève plantée de pins.

Attribué à **Shunsho II**.

315. — Inro à quatre cases en laque *sumi makiye*, montrant en de multiples incrustations, de plomb, d'écaille et de nacre rehaussées de laque d'or, trois libellules.

Attribué à **Koma**.

316. — Inro à quatre cases en laque *togidashi*, décoré sur un fond poudré d'or *mura nashiji*, de deux cerfs sous un pin.

L'inro glisse dans un encadrement en laque *yasuriko nashiji* décoré de motifs fleuris en laque d'or.

Œuvre de **Shunsho Yamato.**

317. — Très bel inro à quatre cases en laque *ro-iro*, rehaussé de laque d'or et incrusté de nacre et de plomb, représentant trois pêcheurs halant une barque au milieu d'herbes aquatiques où se tient une cigogne.

Signé : **Tsuchida Soyetsu.**

xviie siècle.

318. — Joli inro à quatre cases, de forme étroite et allongée, en laque brun veiné or, imitant le *mokume*, décoré de trois petits personnages passant sous un arbre aux larges feuilles de plomb.

Atelier de **Kworin.**

xviie siècle.

319. — Inro à trois cases en laque brun *tame*, incrusté de nacre et rehaussé de laque d'or et de laque rouge, représentant un coq, une poule et des poussins picorant près des branches d'un pin. Les montants sont décorés au trait d'ornements fleuris stylisés.

Joli travail signé : **Konenen.**

Shutoho I-wo (I no okina) (vieillard de I)
à l'âge de 85 ans.

320. — Petit inro à trois cases en laque *tame* décoré en porcelaine et poterie d'un vol de passereaux au-dessus d'une haie, au clair de lune.

Cachet : **Kwan (Ritsuo).**

321. — Inro à cinq cases en laque d'or mat, orné d'incrustations de plomb et de nacre, à décor de branchages fleuris.

Signé : **Kworin.**

322. — Inro à quatre cases. Sur un fond de laque d'argent s'enlève en laque rouge une langouste posée sur des herbes au feuillage d'or et de nacre.

Signé : **Kwansai.**

323. — Très bel inro, à trois cases, de forme circulaire, en beau laque d'or mat, simplement décoré d'un canard, de plomb, passant devant le quartier de lune, nacrée (d'un très large pavage).

Signé : **Hokyo Kworin.**

324. — Curieux inro, à deux cases, en forme de disque, en laque *ro-iro*, décoré en haut relief de laques d'or et d'argent, d'un dragon furieux au milieu des nuages.

xvii° siècle.

325. — Très bel inro, à trois cases, de forme rectangulaire, en laque brun, les petites faces poudrées d'or, décoré, en incrustations diverses et laque d'or, d'une lanterne de temple près d'arbustes fleuris.

Signé : **Ritsuo Dojin.**

Dojin était le nom de début de Ritsuo.

326. — Inro à quatre cases, décoré en noir sur un très beau fond de laque rouge des figures des deux Nyo.

« Les Nyo sont des figures placées de chaque côté de l'entrée des temples Ni.o mon, pour en interdire l'entrée aux démons : ils personnifient Indra et Brahma. »

Très belle pièce du xvii° *siècle.*

327. — Joli inro à deux compartiments, en forme d'un disque, en laque rouge décoré au laque d'or incrusté de nacre, d'un vol de papillons au milieu des chrysanthèmes.

Pièce intéressante : œuvre d'un **Koma.**

328. — Très bon inro à quatre cases en laque *ro-iro*, décoré au laque d'or avec incrustations de nacre, d'un pin derrière les nuages et d'un store de verandah, relevé, les glands pendants.

Signé : **Tsuchida Soyetsu, dans sa 78° année (1738).**

329. — Grand inro, dit « de lutteur », à cinq compartiments, en laque d'or mat, sur lequel s'élance un dragon en laque d'argent au

milieu de nuages de *nashiji* et de *kirikane*. Les coulisseaux sont ici formés d'une sorte de succession d'olives recouvertes d'une feuille d'argent.

Jolie pièce de la fin du xvii° siècle.

330. — Très joli petit inro, à trois cases, de forme circulaire, en laque *taka-makiye*, décoré d'un fin treillis d'or réservant deux médaillons de dragon sur un fond *mura-nashiji*.

Le pourtour est décoré d'un fin motif de laque imitant les veines du bois.

Début du xviii° siècle.

331. — Grand inro dit « de lutteur », à trois cases, en laque *ro-iro* joliment incrusté de plomb et de nacre représentant des branchages fleuris vers lesquels volent un papillon d'écaille et une libellule en laque rouge.

L'intérieur de l'inro est parsemé de feuilles d'or asymétriquement posées.

Cachet : **Shiomi Masasane.**

332. — Inro à trois cases en laque *taka makiye*, joliment décoré d'un petit paysage de pins et de rochers au bord de la mer.

Pièce très fine signée : **Koma Kwansai.**

333. — Inro à quatre cases en laque *togidashi*, présentant sur un fond noir, en poudré d'or à peine visible, la silhouette de trois oiseaux sur une branche, au clair de lune.

Attribué à **Shunsho.**

334. — Inro en forme de pochette, d'un dessin original, en laque *guri*, sur un fond de canevas, représentant au milieu d'arabesques le caractère *Fu-cheou* ou *Kotobuki*, emblèmes de félicité et de longévité.

Début du xviii° siècle.

335. — Inro à une case, de forme circulaire, peut-être une boîte à cachet, en laque rougeâtre, sculpté dans le style chinois de personnages au bord des flots, sur une terrasse.

Fin du xvii° siècle.

336. — Inro à une case, en écorce de bois rougeâtre, décoré d'un grand cerf-volant en forme d'oiseau, formé d'une plaque d'écaille.

Signature et cachet : **Zeshin**.

337. — Inro à deux cases, en laque noir *ro-iro*, décoré d'une gigantesque figure de Shoki, finement rendu en laque d'argent, poursuivant un oni en bronze ciselé, qui s'enfuit épouvanté, derrière un pin aux aiguilles d'or.

OEuvre de **Hokyo Komin**.

338. — Très joli inro à case, en laque rouge *tsuichu*, très habilement sculpté d'un enfant jouant de la flûte, assis près d'un bœuf accroupi, symbole de la parfaite quiétude. Au dos une hotte chargée de branches fleuries.

xviiie siècle.

339. — Très bel inro à cinq cases, en laque d'argent *fundame*, décoré à l'encre de Chine de trois cigognes.

Cette pièce glisse dans un étui en laque d'or mat, décoré en incrustations de plomb et de nacre d'un troupeau de biches et de cerfs au clair de lune.

Attribué à **Ogata Kworin**.

340. — Très joli inro à quatre cases, en laque *gyobu*, incrusté de nacre et décoré d'un paysan se livrant à la récolte des prêles qu'il suspend en gerbes.

Jolie pièce de l'école de **Kworin**.

xviie siècle.

341. — Très bel inro à trois cases, en laque rouge sur toile, décoré en plaquettes d'écaille de deux Rishi, sculptés à la manière chinoise.

xviie siècle.

Collection de Goncourt.

342. — Inro à quatre cases, formé comme le n° 339 d'une boîte en laque d'argent, décorée en camaieu d'un vol de passereaux au-dessus

des flots et d'un étui en laque d'or mat avec incrustations de nacre et de plomb, décoré d'un vol d'oies sauvages s'abattant dans les roseaux.

Cachet de l'inro : **Hoshuku.**
Signé sur l'étui : **Seisei Kworin.**
Cachet de l'étui : **Hoshuku.**

343. — Inro à une case, en laque *taisha nuri*, décoré en laque d'or et nacre, d'une poule sur un toit de chaume fleuri de liseron.
Intérieur en laque *nashiji*.

Par **Juken** *ou* **Shigekata.**

344. — Inro à quatre cases, en laque *ro-iro*, offrant en relief de laque d'or, nacre et plomb, deux chauve-souris volant au-dessus d'un pont.

Très beau type signé par : **Tsuchida Soyetsu.**
xviie siècle.

345. — Petit inro à quatre cases, en laque *gyobu*, la case inférieure portant en léger relief un décor de maisonnettes au milieu des rochers.
xviie siècle.

346. — Très bel inro en fine sparterie, décoré en relief de laque d'or et d'argent, de Toba, sur sa mule, devant les bambous couverts de neige.

Signé : **Ritsu-o.**
Cachet : **Kwan.**

347. — Inro à quatre cases, en laque *nashiji*, décoré en laque d'or et laque *kirikane*, d'un oiseau Hôo au milieu de feuillages.

Par : **Kajikawa II.**

348. — Inro à quatre cases en laque d'or, à surface cannelée, représentant un store baissé, devant lequel poussent quelques plantes.
L'inro se coulisse dans un cadre en laque *ro-iro*, décoré de branchages de pins ; les coulisseaux sont en laque *hirame-ji*.

Œuvre d'un **Koma.**

349. — Inro à quatre cases, en laque *nashiji*, décoré en plomb, nacre et laque d'or, d'un vol de passereaux.

Signé : **Tsuchida Soyetsu, âgé de 81 ans (1741)**.

350. — Très bel inro à cinq cases, en laque *nashiji*, décoré au laque d'or d'un cerisier en fleurs où pépient de nombreux oiseaux sur lesquels fonce un vautour en laque d'argent, d'une très belle exécution.

Signé : **Kajikawa**.

351. — Grand inro à deux cases, en laque imitant l'écaille, sur un fond de vagues stylisées en laque *tsuichu*. Le décor représente deux personnages sur une terrasse et un dragon monstrueux.

Fin du xviie siècle.

352. — Inro à quatre cases, en laque *nashiji*, dont la surface extérieure semble formée d'une juxtaposition de tubes; le décor offre un paysage planté de pins, au bord du fleuve.

Œuvre de **Shunsho Yamanato**.

353. — Inro à deux cases, en bois naturel, décoré en laque et poterie, d'un éléphant richement caparaçonné.

Au dos une inscription : « *l'éléphant apporte le bonheur* ».

Cachet : **Kwan** (*Cachet de* **Ritsu ô**).

354. — Inro à quatre cases, en bois naturel recouvert d'écorce, décoré au laque d'or d'un cerisier dont les fleurs tombent, et en application de bronze, d'un cheval se roulant.

Illustration de la maxime : « *Pourquoi attacher un cheval à un arbre, s'il doit en faire tomber les fleurs.* »

Signé : **Yoyusai**.

355. — Inro à secret, en bambou, décoré en plomb, nacre et faïence, de deux courges enfeuillagées.

L'intérieur est formé d'un petit plateau glissant et découvrant trois minuscules boîtes en bambou.

Probablement par **Seiji** *ou* **Tadaji**, *élève de Ritsuo*.

356. — Inro à trois cases, en bois naturel, ayant l'aspect d'une pochette fermée et décoré en laques imitant parfaitement le métal d'une garde de sabre et d'un kogaï.

Le fermoir est simulé par un petit menuki d'or.

Signé : **Komin.**

357. — Petit inro à une case, en *laque blanc*, décoré de très fines peintures dans le style chinois, représentant un bateau chargé d'un personnage et d'une cigogne, passant des rapides, et de deux lapins aux yeux rouges jouant dans une prairie au milieu des rochers.

Pièce excessivement rare du xviie *siècle.*

358. — Très bel inro à trois cases, en laque *taka-makiye*, finement incrusté de nacre, de corail, de malachite et d'ivoire, représentant cinq personnages dansant sous un arbre fleuri.

Très beau travail.

Signé : **Tei-un.**

359. — Inro à deux cases, de forme curieuse, silhouettant un écran formé de deux panneaux de laque d'or, sur lesquels est incrustée en ivoire, nacre et pierres diverses, une danse macabre de squelettes et d'oni : l'un des squelettes, perché sur un arbre fleuri, tente d'attraper deux poissons.

L'entourage est en joli *togidashi* d'or à décor de chrysanthèmes. Montures en argent.

Style de **Shunsho** *et de* **Shibayama.**

xixe siècle.

360. — Autre inro de forme et de décor similaires. Sur une face, un squelette monté sur le dos d'un oni poursuit un écureuil dans un arbre en fleurs ; sur l'autre face, deux squelettes pêchent, un autre accroupi à terre, fumant sa pipette, se laisse frictionner par un crapaud.

xixe siècle.

361. — Inro à quatre cases, en laque *mura-nashiji*, décoré en haut relief d'or, de deux carpes dans les herbes aquatiques.

Par **Kajikawa II.**

362. — Inro à trois cases en bois naturel, décoré en relief d'un oni et de branchages en laque d'or. Le fermoir est formé par un menuki représentant deux feuilles de mauve entrelacées.

Par **Hokyo Komin**.

363. — Inro à trois cases, en laque *taka makiye*, décoré d'un ruisseau serpentant entre deux berges couvertes d'une riche végétation.

Atelier des **Kajikawa**.

364. — Inro à deux cases, en laque d'argent, joliment décoré à l'encre de Chine d'un oiseau volant devant le disque de la lune.

Signé : **Kwanshosai** (Toyo), d'après **Ritsuo**.

365. — Inro à trois cases, en bois naturel, sculpté d'un renard, debout près d'herbes fleuries, tenant dans sa gueule un crâne humain.

Signé : **Shoto To** (sculpté).

366. — Inro à trois cases, en bois naturel, décoré en relief d'or de deux oiseaux picorant les baies d'un arbre en fleurs.

Signé : **Matsuzato** *ou* **Shori**.

367. — Inro à une case, en laque *ro-iro*, décoré en haut relief de laque rouge d'une chimère dans les pivoines.

Style de **Hanzan**.

368. — Inro à quatre cases, en laque *taka-makiye*, offrant un paysage montagneux et lacustre, avec une maisonnette perchée sur des pilotis.

Style des premiers **Kajikawa**.

369. — Inro à cinq cases, en laque *mura-nashiji*, sur le fond poudré se détache en laque d'or une jardinière fleurie de lys et divers ornements.

Signé : **Yoshiaki** *ou* **Keimei**.

370. — Inro à quatre cases, en laque *ro-iro*, décoré en laque d'or de plusieurs guerriers sous un pin au bord des flots.

Œuvre d'un **Koma**.

371. — Inro à quatre cases, en laque *togidashi*, décoré d'un fin paysage lacustre et d'un vol d'oies sauvages.

xviiie siècle.

372. — Inro à quatre cases, en laque *yasuriko-nashiji*, offrant en relief des branchages fleuris.

Œuvre d'un **Koma**.

373. — Inro à cinq cases, en laque *taka-makiye*. Sur le fond de laque d'or se détache, finement ciselé, un joli bouquet d'herbes d'automne.

Attribué à **Kajikawa Bunriusaï**.

xixe siècle.

374. — Inro à deux cases, en corne sculptée, le décor imitant une fine sparterie, avec deux médaillons en réserve, ornés de deux petits motifs en argent ciselé, représentant Benten assise sur un tengu et une chimère sous une cascade.

Attribué à **Giokusai** (**Musashti**).

375. — Inro à quatre cases, en laque *ro-iro*, orné en relief d'or de médaillons de dragons et des armoiries des Mizuno, de Numatsu.

Œuvre de **Koma**.

376. — Inro à quatre cases, en laque *ro-iro*, décoré en application d'écaille de deux Rishi sous un pin, près de rochers en laque d'argent, pavé de pépites d'or et de burgau.

Signé intérieurement : **Kahei** (**Sanko**).

xviie siècle.

377. — Inro à trois cases, en bois naturel, décoré en laques divers

d'un dragon tentant l'escalade du Fuji, partiellement dissimulé dans les nuages : emblème de succès dans la vie.

Attribué à **Zeshin**.
xixe siècle.

378. — Inro à cinq cases, en laque *ro-iro* ; sur le fond noir se détache en larges caractères d'or le signe *Kotobuki*, félicité, entouré de petites langoustes finement ciselées en laque rouge *tsuichu*.

Signé : **Kajikawa**.
Cachet : **Kwa**.
xviiie siècle.

379. — Très bon inro en laque *same-nuri*, peau de requin laqué (galucha), décoré d'un motif de petites fleurettes en laque d'or et laque noir.

L'intérieur des montants est recouvert de laque non poli.
xviie siècle.

380. — Inro à quatre cases, en laque nashiji, offrant un décor floral en haut relief d'or : un oiseau picore un gland sur une branche de chêne.

Atelier des **Kajikawa**.
xviiie siècle.

381. — Inro à quatre cases, en laque *taka makiye*, décoré de deux manzaï dansant, un éventail à la main, sur une terrasse abritée par un pin.

Signé : **Jukakusai Hisataka**.

382. — Inro à deux cases, en bois naturel sculpté d'un tigre, venant se désaltérer, près d'un pin.

Signé : **Ikkei**.

383. — Inro à quatre cases, en laque *makiye*, décoré au laque d'or avec incrustations de nacre, d'une pagode près du ruisseau, au milieu de collines plantées de pins.

Attribué à **Igarashi**.

384. — Inro formant boîte à cachet (inzaï-ire), en laque *ro-iro*, offrant en haut relief de laque d'argent, deux corbeaux sur un arbre et un rocher au bord des flots.

Attribué aux premiers **Kajikawa**.

385. — Inro à quatre cases, en laque d'or mat, *taka-makiye*, décoré de nuages réservant, sur le pourtour des deux cases extrêmes, une frise de cercles offrant des scènes diverses, et au centre des deux larges faces, deux médaillons présentant, l'un un cavalier, l'autre un oiseau sur une branche morte.

Œuvre d'un des premiers **Kajikawa**.

386. — Inro à quatre cases, en laque d'or mat, curieusement décoré en laque noir et burgau de branchages de pins.

Ecole de **Kworin**. (Relaqué partiellement.)

387. — Inro à quatre cases, en laque *ro-iro*, partiellement poudré d'or, décoré en application de feuilles d'or, de deux poupées, de branchages fleuris et de couvertures de livres.

Attribué à **Jokosai**.

388. — Inro à cinq cases, en laque *taka-makiye* : sur le fond d'or représentant un champ de blé, se détache en laque noir, un vol de gracieux papillons.

Attribué à **Jokosai**.

389. — Inro à secret, en laque *tsuichu*, sculpté sur un fond géométrique de personnages sous un pin : une des faces latérales, glissant, découvre six petits tiroirs.

Début du xviiie siècle.

390. — Inro à cinq cases, en laque *taka-makiye*, enrichi de corail. Branche d'arbre fleurie.

Signé : **Yoyusaï**.
Dessiné par **Hoitsu**.

391. — Inro à trois cases, en laque *ro-iro*, finement burgauté, décoré de deux paysages chinois dans un encadrement de petits motifs géométriques.

Les coulisseaux sont pavés en damier de carrés de burgau.

xviiie siècle.

392. — Inro à quatre cases, en laque *ro-iro*, décoré de gracieux bouquets de fleurs aux pétales burgautées, jaillissant du fond noir de l'inro en relief de laque d'or.

Attribué à **Jokosai.**

393. — Inro à trois cases, en laque mat *taka-makiye*, présentant sur une face un décor de cage aux barreaux de nacre, et sur l'autre un kakemono déroulé et sa boîte.

Attribué à **Igarashi.**

394. — Très joli inro à quatre cases, en laque *taka-makiye*. Une grue au fin plumage d'argent survole un buisson de pivoines épanouies. Le reste de l'inro est décoré d'un semis de rosaces variées, rehaussées de fines incrustations de nacre, de burgau et de corail.

Signé : Fait par **Hoyu.**

395. — Inro à quatre cases. Sur un fond de laque *nashiji* sont dessinés en relief d'or rehaussés de touches de burgau, sur une face deux coiffures de danses de No et un sho et sur l'autre une étoffe ornée d'une tête de chimère.

Attribué à **Jokosai.**

396. — Inro à quatre cases, en laque *nashiji* : à marée basse, de nombreux coquillages en laque, corail, argent et or, sont échoués dans les herbes.

Attribué à **Chohei.**

xviiie siècle.

397. — Inro à trois cases en bois naturel, orné en laque d'or et laque *nashiji*, de fantaisies sur le caractère de félicité, *Kotobuki*.

Signé : **Tsunewo** *ou* **Jowo.**

398. — Très bel inro en laque *makiye*, sur lequel sont peintes à l'encre de Chine deux crevettes au milieu d'herbes aquatiques.

Signé : **Peint par Dohaku.**

399. — Inro à quatre cases, en laque rouge *tsuichu*, sculpté sur un fond à décor géométrique de branches de chrysanthèmes et de cigales.

Début du xviiie siècle.

400. — Inro à quatre cases en laque *mura-nashiji*, finement décoré en relief de laque d'or, de deux médaillons de dragons stylisés.

Attribué à **Jokosai.**

401. — Inro à trois cases en bois naturel poli, décoré en incrustations de métaux, de cinq éventails à décor fleuri.

xviiie siècle.

402. — Inro à quatre cases en laque *ro-iro*. Sur chaque face se détachent, en haut relief de laque gyobu, deux chevaux aux sabots de nacre paissant sous les arbres en fleurs.

Signé : **Choshukusai Fumishige.**

xviiie siècle.

403. — Très bel inro à trois cases, en forme d'une corbeille, en laque *taka-makiye* très richement décoré en relief de laques variés, d'une luxuriante végétation. Incrustations de burgau.

Attribué à **Hosensai.**

xviiie siècle.

404. — Très bon inro à quatre cases en laque *nashiji*, décoré en haut relief de laques polychromes des sept sages dans la forêt de bambous. (*Chikurin shichi Kenjin.*)

Début du xviiie siècle.

405. — Inro à quatre cases, en bambou, offrant en or, plomb et nacre, un gracieux décor fleuri.

École de **Kworin.**

406. — Inro à quatre cases en laque *ro-iro* décoré au laque d'or d'un semis de chrysanthèmes.

Atelier des **Kajikawa.**

407. — Inro à cinq cases en laque *togidashi* d'or, rehaussé de laques polychromes, décoré de quatre chiens jouant près de pousses de fougères.

Signé : **Shunsho utsusu** (*en copie de*).

408. — Inro à quatre cases en laque *nashiji*, décoré sur une face en laque d'argent, d'un chat, sur l'épaulement d'une fenêtre, regardant deux papillons se débattant dans une toile d'araignée.

Signé : **Hokyo Komin.**

409. — Très bon inro primitif, en bois naturel, à trois cases, décoré en laque et nacre d'un personnage dansant, la tête dissimulée par un large chapeau.

Atelier de **Ritsuo.**

410. — Inro à quatre cases en laque *ro-iro*, décoré au laque d'or d'un troupeau de singes jouant dans les branches près d'une cascade aux eaux argentées.

Attribué aux premiers **Kajikawa.**
xviiie siècle.

411. — Inro à quatre cases en laque *ro-iro* finement burgauté, offrant sur une face une habitation enfouie dans les arbres, sur l'autre face, plusieurs personnages traversant un pont.

Travail de **Somada.**

412. — Inro à trois cases, en écorce laquée noir, décoré au laque d'or d'un motif de vagues.

Signé : **Yoyusai.**

413. — Inro à quatre cases en laque *taka-makiye*, décoré d'un semis de chrysanthèmes stylisés.

Atelier des **Kajikawa.**
xviiie siècle.

414. — Inro à quatre cases en laque nashiji, décoré en relief de laque d'or d'un paysage maritime.

Atelier des **Kajikawa**.

xviiie siècle.

415. — Inro à quatre cases joliment décoré, sur un fond fantaisie en laques variés, de petits dragons en laque d'or, au-dessus des flots.

Attribué à **Zeshin**.

416. — Inro à trois cases en laque *ro-iro*. Deux canards en laque d'or passent au-dessus d'ancres, de bois et d'herbes.

Atelier des **Kajikawa**.

417. — Petit inro à trois cases en laque *ro-iro* décoré en relief d'or et laque nashiji, rehaussé de nacre, d'un vol de passereaux au-dessus d'habitations au bord de la mer.

Attribué à **Igarashi**.

418. — Petit inro à quatre cases en laque mat *taka-makive*, représentant deux singes retenant par ses rênes un cheval qui se cabre.

Œuvre des premiers **Kajikawa**.

419. — Petit inro à quatre cases en laque d'or mat, décoré simplement en incrustations de nacre, de deux oies passant au-dessus de roseaux.

École de **Kworin**.

420. — Petit inro à quatre cases en laque *ro-iro*, décoré en laque *gyobu* et incrustations de nacre, de deux bœufs et de plantes fleuries.

Attribué à **Soyetsu**.

421. — Inro à cinq cases en laque noir *ro-iro*. Sur la pointe d'un rocher, se désaltérant à un ruisseau, ou galopant dans la plaine, de nombreux chevaux sont ici représentés en laques d'or, d'argent et de bronze.

Attribué aux premiers **Kajikawa**.

422. — Inro à quatre cases en laque nashiji décoré en laques polychromes de cinq cigognes au repos.

Signé : **Sekigawa.**

Cachet : **Harunobu.**

423. — Inro à quatre cases en laque *tsuikoku*, sculpté sur un fond résillé de branches de chrysanthèmes épanouis.

Attribué à **Zeshin.**

424. — Inro à six cases, de forme étroite et allongée, en laque *hirame-ji*, décoré au laque d'or d'un motif de bambous.

Signé : **Kajikawa.**

xviii° siècle.

425. — Inro à quatre cases en laque *rò-iro*, décoré sur une face du singe Songoku, serviteur de Sanzo Hoshi, assis sur un dragon au milieu des nuages, et sur l'autre d'attributs divers.

Signé : **Gyokuzan.**

426. — Inro à quatre cases en laque *nashiji*, décoré en laques d'or et d'argent d'une maisonnette sur laquelle s'est réfugié un singe costumé, que son yoshiro s'efforce vainement d'attraper.

Signé : **Tatsuke Takamasu.**

427. — Inro à quatre cases en laque *mura-nashiji*, décoré en laque d'or et incrustations de nacre d'un torii au milieu des pins, au bord de la mer.

Coulant aventuriné.

Attribué à **Igarashi.**

428. — Inro à quatre cases en laque *nashiji*, décoré au laque d'or de deux hommes halant une barque de pêche.

Coulant en métal ciselé.

Attribué à **Igarashi.**

429. — Inro à cinq cases en laque *mura-nashiji*. Sur le fond poudré d'or, se détachent, en laques d'or et d'argent, de nombreux oiseaux.

Signé : **Koma Kioryu**.

430. — Inro à trois cases en laque *ro-iro* burgauté, finement décoré de deux maisonnettes solitaires.

Inscription vantant la quiétude de ces maisonnettes, repos rêvé pour les sages.

xviiie siècle.

431. — Inro à deux cases, en bois naturel, décoré au laque d'or de deux scènes de Sennin.

Sur l'une des faces, le Sennin Gama fait danser son crapaud à trois pattes.

Sur l'autre, Tekkai (Li tieh Kwai) sous les traits d'un mendiant exhalant son esprit.

« Jeune homme instruit et de très bonne apparence, Li se faisait expliquer les mystères du Taoisme par Lao Tsze lui-même, qui descendait sur la terre ou appelait son Esprit auprès de lui. Un jour, Li, pour obéir à un ordre de son maître, dut abandonner à nouveau sa dépouille mortelle et la confia à un de ses disciples. Celui-ci dut s'absenter par suite d'une grave maladie de sa mère et lorsque l'esprit de Li revint sur terre, il ne put retrouver son corps et fut forcé de se contenter du corps d'un mendiant qu'on venait de trouver mort près de là. »

Cela ne l'empêcha point de continuer son éducation auprès de Lao Tsze.

Signé...? à l'intérieur : **Yemeitan**.
Début du xviiie siècle.

432. — Inro à quatre cases, en laque *nashiji*, montrant deux moineaux picorant près d'un sorbier aux jolies baies de corail.

Signé : **Kwosai**.

433. — Très bel inro à quatre cases, en laque *nashiji*. Le décor se compose d'un paravent mi-déployé, représentant en très beau travail de laques divers des paysages ou des personnages. A côté du paravent, une

boîte de toilette en laque d'or et burgau, et, derrière, un porte-kimono
en laque sur lequel pendent divers vêtements et un inro.

Pièce magnifique attribuée à **Jokwasai.**
xviiie-xixe siècle.

434. — Inro à trois cases, en laque *taka-makiye,* décoré de rochers,
en laque *kirikane,* auprès des flots et de trois araignées de mer.

Œuvre des premiers **Kajikawa.**

435. — Inro à quatre cases, en laque *nashiji,* décoré en laques
divers de neuf chevaux broutant.

Début des **Kajikawa.**

436. — Inro à quatre cases, en laque *ro-iro,* décoré en laque d'or et
d'argent et de burgau de deux oiseaux de mer se pourchassant au-
dessus des mâts de barques, vus au clair de lune au-dessus des arbustes.

Signé : **Jokwasai.**

437. — Inro à quatre cases, en laque *ro-iro,* décoré au laque d'or
rehaussé de nacre, d'une abeille sur des bambous.

Attribué à **Jokosai.**

438. — Inro à quatre cases, en laque *ro-iro,* décoré au laque d'or,
avec incrustations de nacre, d'un joli bouquet d'herbes d'automne.

Attribué à **Igarashi.**

439. — Inro à quatre cases, en laque *ro-iro;* sur la branche d'un
saule, se tiennent deux grues, guettant la grenouille imprudente au bord
du ruisseau sinueux : un peu plus bas, une ligne de pêche et un
panier.

Atelier des **Kajikawa.**

440. — Inro à quatre cases, en laque *togidashi,* décoré, sur un fond
de laque d'or mat, de deux rats en laques d'argent.

Signé : **Shiomi Masasane.**

441. — Inro à trois cases, en laque *ro-iro*. Sur le fond de laque noir, se détache la figure sympathique de Hoteï, accroupi demi-nu et souriant, regardant un makimono décoré d'enfants jouant; sur l'autre face, l'écran, attribut de Hoteï.

Signé : **Tsuchida Soyetsu.**

442. — Inro à quatre cases, en laque *ro-iro*, décoré en or et plomb d'un petit personnage, coiffé d'un large chapeau, revenant chez lui, portant sur l'épaule des pousses de bambous (*Takenodo*).

Attribué à **Tsuchida Soyetsu.**

443. — Inro à quatre cases, en laque *ro-iro*, décoré en or et nacre d'un personnage, une ombrelle sur l'épaule, regardant un torii, près d'un pin.

Attribué à **Tsuchida Soyetsu.**

444. — Inro à quatre cases, en laque *ro-iro*, représentant une cage aux barreaux d'or dans laquelle sont enfermées deux perdrix. Le bas de la cage est orné d'un décor de dragon en laque d'or dans une ceinture burgautée.

Joli travail attribué à **Shunsho.**

445. — Inro à deux cases, en laque *mura-nashiji*, de forme irrégulière, ayant l'aspect d'un écran, décoré au laque d'or d'armoiries et de motifs floraux stylisés.

xviiiᵉ siècle.

446. — Inro à quatre cases, en laque *nashiji*, décoré au laque d'or d'un arbre dans les branches duquel se tient un corbeau, regardant deux bœufs en laques d'or et d'argent.

Signé : **Senryu.**
Cachet : **Nagaharu.**

447. — Inro à deux cases, de forme tubulaire, en laque *taisha-nuri*, décoré en relief de laque d'or et de nacre de plantes diverses.

École de **Kworin.**

448. — Inro à une seule case, en laque *ro-iro*, portant, en laque d'or, un ornement terminé par un masque de Okina, pour la danse Sambaso, et sur l'autre face une lanterne repliée.

xviiie siècle.

449. — Inro à quatre cases, en laque *nashiji*, décoré au laque d'or d'un personnage, la tête serrée par un ruban, endormi près d'une passerelle enjambant un petit ruisseau. A ses pieds, une gourde et une pochette.

Œuvre d'un **Kajikawa.**

xviiie siècle.

450. — Inro à quatre cases, en laques *ro-iro* et *nashiji*, portant en relief un décor de branches de chrysanthèmes aux fleurs d'or et d'argent.

Signé : **Shigenori.**

451. — Petit inro à quatre cases, de forme rectangulaire, en laque *taka-makiye*, décoré d'une petite maisonnette perchée à flanc de coteau au milieu des pins et des cerisiers en fleurs (matsu et ume).

Kajikawa.

xviiie siècle.

452. — Inro à quatre cases, de forme étroite, en laque *nashiji*, décoré au laque d'or, d'une petite maison au bord du fleuve, qu'un câble traverse pour le transport des ballots.

Atelier des **Kajikawa.**

xviiie siècle.

453. — Inro à trois cases, en laque *taka-makiye*, richement décoré de deux chimères jouant avec une branche de pivoine en fleurs.

Atelier des **Kajikawa.**

xviiie siècle.

454. — Inro à cinq cases, en laque *nashiji*, décoré d'arbres en fleurs et d'oiseaux près d'une rizière où trois femmes repiquent du riz.

Atelier des **Kajikawa.**

xviiie siècle.

455. — Inro à trois cases, en bois naturel, ayant la forme d'une tortue, habilement sculptée.

Coulant en bois représentant une petite tortue.

Netsuke en bois sculpté de trois petites tortues grimpées sur une feuille.

Signé : **Gekko**.

xviiie siècle.

456. — Inro à trois cases, en laque brun burgauté, décoré de deux paysages où se meuvent de petits personnages.

xix^o siècle.

457. — Inro à quatre cases, en laque *ro-iro*, décoré en haut relief de laques divers, d'un chariot supportant une corbeille fleurie de pivoines.

xviiie siècle.

458. — Inro à quatre cases, en laque *ro-iro*, portant en laque rouge le caractère « Kotobuki », félicité, entouré du mon impérial (chrysanthème en laque d'or).

Œuvre de **Kajikawa**.

459. — Inro à trois cases, en laque *yasuriko nashiji*, décoré au laque d'or de deux danseurs de Nô.

Signé : **Inaba (Nagatada)**.

460. — Inro à quatre cases, en laque *ro-iro*, décoré en relief de laques variés, d'une coiffure de Nô, d'une flûte et d'un taiko.

xviiie siècle.

461. — Inro à quatre cases, en laque *tame*, rehaussé de laque d'or, de nacre et de plomb. Envol de cigognes hors des roseaux.

Atelier de **Kworin**.

Vente Gillot, n° 406^A.

462. — Inro à trois compartiments, en laque *nashiji* et *oki-hirame*, finement décoré en laque d'or de deux chimères jouant près d'une cascade.

Attribué à **Jokosai.**

463. — Inro à trois cases, en bois naturel, décoré au laque d'or de l'armoirie impériale et du caractère « Kotobuki » disposé en mon.

Signé : **Shunsho (Yamamoto).**

464. — Inro à une case, formant boîte à cachet, en bois naturel, décoré en relief de laques polychromes, d'insectes divers sur des branches de courges.

Signé : **Colorié par Hakusai.**

465. — Inro à trois cases, en laque brun imitant le fer, décoré en fort relief d'un dragon dans les nuages et d'un tigre sur les rochers.

Attribué à **Zeshin.**

466. — Inro à trois cases, en laque *togidashi*, décoré d'une jeune femme se promenant et contemplant des fleurs.

Attribué à **Shunsho.**

467. — Inro à trois cases, en bois naturel, décoré en application de pierres variées d'un vol de gracieuses libellules.

Style de **Jokwasai.**

468. — Inro à quatre cases, en laque *hirame-ji*, décoré d'une cigale sur un melon enfeuillagé.

Signé : **Zeshin.**

469. — Très curieux inro à deux cases, en bois naturel partiellement laqué, sculpté d'une figure de la poétesse Komachi, assise sous une vérandah et écrivant.

Derrière elle, un gigantesque pin.

470. — Inro à quatre cases, en laque *togidashi* sur léger *nashiji*,

représentant un couple de paons, délicatement dessinés, sous un arbre
en fleurs.

Attribué à **Shunsho.**

471. — Inro à quatre cases, en laque *togidashi*, décoré d'une gracieuse jeune femme accroupie devant son miroir et ajustant sa coiffure.
Derrière elle, son kimono jeté sur un meuble.

Signé : **Shōzan.**

472. — Inro à trois cases, en laque *ro-iro*, décoré sur une face d'un
tigre de nacre broyant un bambou en laque d'or, et sur l'autre d'une
cascade en laques d'or et d'argent.

Signé : **Fait par Bakushuhan, d'après une peinture de
Kano Tsunenobu.**

Collection de Goncourt, n° 555.

473. — Inro à quatre cases, en laque *tame*, décoré en laque or et
laque rougeâtre du combat de Kajiwara et Sasaki, samurai de Yoshitsune.

Très belle pièce du xviie siècle.

Collection Gillot, n° 359.

474. — Inro à trois cases, en bois naturel, décoré en laques divers
avec rehaut de nacre, d'attributs pour la cérémonie du thé (Chano yu).

Attribué à **Zeshin.**

475. — Inro à quatre cases, en laque *togidashi* polychrome, décoré
d'un papillon butinant une grappe fleurie.

Attribué à **Shunsho.**

476. — Inro à quatre cases, en laque *nashiji*, décoré d'une floraison
d'iris sous des ponts en planchettes, jetés sur les eaux qui sont rendues
miroitantes par de très fines incrustations de burgau bleu.

xviie siècle.

Collection Gillot, n° 386.

477. — Inro à cinq cases, en laque *nashiji*. Le Fuji yama au som-

met argenté se dégage des nuages d'or : deux cigognes volent dans l'air calme du soir.

Attribué à **Jokwasai.**

478. — Inro à quatre cases, en laque *nashiji*, décoré en laque d'or de larges médaillons stylisés d'oiseaux Hoô et de branches fleuries.

Signé : **Igarashi.**

479. — Inro à secret, en bois naturel, imitant un porte-flèches garni de flèches, en laque d'argent : les deux petites faces, mobiles, découvrent huit petits tiroirs.

Début du xviiie siècle.

480. — Inro à quatre cases, de forme ovale, en laque *tsuishu*, sculpté d'un motif géométrique sur lequel se détache en relief d'or un hibou sur une branche d'arbre, vers lequel s'avance un enfant portant un écran de cortège.

Attribué à **Hanzan.**

481. — Inro à quatre cases en laque *ro-iro*, décoré en laque d'or et laque rouge d'un personnage assoupi, la tête sur la table.

Attribué à **Soyetsu.**

Collection Gillot, n° 404ᴬ.

482. — Inro à trois compartiments en laques *iro-makiye*, représentant des corbeaux volant au clair de lune.

Attribué à **Zonsei.**

483. — Inro à quatre cases en laque *togidashi*, décoré en or d'un pont joignant deux rives couvertes de pins.

Attribué à **Igarashi.**

484. — Inro à quatre cases en laque brun granité, ayant la forme d'une pochette et décoré au laque d'or de chrysanthèmes et de papillons.

Attribué à **Zeshin.**

485. — Inro à deux cases en laque *nashiji*, décoré en relief de deux corbeaux en laque d'argent perchés dans un arbre au feuillage de laque d'or.

Signé : **Jokwasai.**

846. — Inro à trois cases en bois naturel, décoré de volubilis en poterie tombant d'un vase de suspension formé d'un tube de bambou en laque d'or.

Cachet : **Kwan (Ritsuo)**, *mais sans doute de* **Hanzan.**

487. — Inro à secret en bois naturel, décoré en laques divers sur une face, d'un petit écran à l'encre de Chine et d'un vase à eau, sur l'autre d'une pierre à encre, d'un bâton d'encre et de deux pinceaux.

L'intérieur comprend un tiroir formant cabinet étagère.

Signé : **Tendokusai.**

488. — Inro à trois cases en laque *gyobu*, décoré sur un fond d'or très vif, de libellules en laque rouge.

Attribué à **Zeshin** *en copie de* **Ritsuo.**

489. — Inro à trois cases en bois naturel, ayant l'aspect d'une tortue, dont la sculpture imite les dépressions de l'écaille.

Coulant représentant une petite tortue.

Signé : **Gekko.**
xviiie siècle.

490. — Inro à quatre cases en laque *ro-iro*, décoré en très fort relief d'or, de branches et de fleurs de pavots.

Attribué aux premiers **Kajikawa.**

491. — Inro à quatre cases en laque d'argent, décoré en relief de laque d'or d'un éléphant et de deux enfants portant des attributs de cortège.

Attribué à **Hanzan.**

492. — Inro à deux cases en laque *togidashi*, décoré en léger relief de laque brun, d'un sanglier assoupi dans les herbes.

Signé : **Shiomi Masasane**.

493. — Inro à quatre compartiments en laque *ro-iro*, décoré d'herbes de marais au lever du soleil.

Signé : **Kajikawa**.
Cachet : **Toku**.
xviiie siècle.

494. — Inro à quatre cases en laque *nashiji*, offrant en fort relief d'or une chimère près d'une cascade.

Attribué à **Koma I**.

495. — Inro à trois cases de forme rectangulaire en laque *ro-iro*, décoré dans une grande diversité de laques des chevaux de l'empereur Boku O.

Attribué aux premiers **Kajikawa**.

496. — Inro à une case en laque *nashiji*, décoré au laque d'or de trois hommes vêtus de larges chapeaux, halant une barque au milieu des roseaux.

Signé : **Toshu**.

497. — Inro à une seule case en laque d'or mat, décoré de nombreux papillons aux ailes chatoyantes, ornées de nacre et de pierres diverses.

Attribué à **Hanzan**.

498. — Inro à une case de forme tubulaire et côtelée, en laque brun non poli, décoré au laque d'or de barques en vue du Fuji Yama.

Attribué à **Zeshin**.

499. — Inro à quatre cases en laque gris imitant le fer, rehaussé de laque d'or et décoré de deux petits personnages en argent, Kioyu,

lavant son oreille à une cascade et Sofu entraînant son bœuf pour qu'il ne boive pas de l'eau polluée. (Voir la légende à l'inro n° 148.)

Œuvre de **Komin.**

500. — Inro à cinq cases en laque *taka-makiye*, décoré d'un gigantesque paysage, montrant les cinquante-trois stations (relais de coolies) de la route du Tokaido, qui conduisait du pont Nihon de Tokyo à Kyoto, en suivant la côte est du Japon.

Attribué à **Ari-Gensusai.**

501. — Très bel inro à quatre cases en laque *ro-iro*, dont le fond disparaît sous une riche végétation de chrysanthèmes aux feuilles de nacre, aux fleurs aux ors multiples.

Par **Igarashi.**

502. — Inro à cinq cases en laque *ro-iro*, décoré de rochers en laque *kirikane*, et d'îlots fleuris au milieu du fleuve.

Attribué aux premiers **Kajikawa.**

503. — Inro à cinq cases en laque *taka-makiye*. Trois cigognes d'or se jouent au-dessus des vagues écumantes, rehaussées de laque d'argent.

xviiie siècle.

504. — Inro à quatre cases en laque *nashiji*, offrant sur une face en laque d'or et ivoire incrusté, une figure de Komachi, devenue vieille et solitaire, assise devant une table de gô; sur l'autre face un faisan doré est perché sur un rocher en laque *kirikane*.

Signé intérieurement : **Jokwasai.**

505. — Inro à quatre cases en laque brun, décoré en laque rouge et or de deux personnages sur une terrasse abritée par un saule.

xviiie siècle.

Collection Gillot, n° 408 *b*.

506. — Inro à quatre cases en bois naturel, décoré au laque d'or avec incrustations de nacre et de plomb, d'un bouquet fleuri et d'un papillon.

Œuvre de **Chohei.**

507. — Inro à quatre cases en laque *ro-iro*, décoré au laque d'or d'un coq, d'une poule et de poussins, et sur l'autre face d'un bouclier, décoré d'oiseaux Hôo.

A telier des **Kajikawa.**

508. — Inro à une case, formant boîte à cachet, en laque *ro-iro*, décoré en haut relief de laque gris imitant le fer, d'une tête d'oni.

Style de **Ritsuo.**

509. — Inro à trois cases en bois naturel, décoré d'une jolie floraison en laque d'or.

Signature et cachet : **Joka.**

510. — Très bel inro en laque *tame*, à deux cases, de forme circulaire, l'une des faces imitant une garde de la famille Namban, aux multiples ajourages sur lesquels court un dragon à la poursuite du joyau Tama ; l'autre face imitant une garde damasquinée est orné de trois crabes en laque imitant l'or et l'argent.

Sur le pourtour, un kozuka et sa lame en laque imitant le fer et l'acier.

Très beau travail signé : **Iye-tsugu,** *élève de* **Ritsuo.**

511. — Inro à secret en bois naturel, décoré au laque d'or, de coq et de poule dans les bambous.

Une des faces latérales, glissant, découvre quatre petits tiroirs.

Signé : **Gyokuryusai.**
Cachet : **Taka.**
xviiie siècle.

512. — Inro à quatre cases en laque *nashiji*, décoré au laque d'or de branches de glycines aux fleurs nacrées.

L'inro glisse dans un cadre en laque *nashiji*, à décor de vagues stylisées.

Signé : **Kajikawa**.

513. — Inro à quatre cases en laque d'or mat, décoré en polychromie de deux manzai dansant près du pilier d'une passerelle.

Signé : **Koma Kyuhaku**.

514. — Inro à quatre cases en laque *gyobu* et peau de requin (galucha) incrustés de métaux divers représentant une vue sous-marine qu'animent de nombreux poissons et coquillages dans les algues.

Très jolie pièce du xvıı⁰ siècle.

515. — Inro à cinq cases en laque *nashiji*, décoré en ors divers de scènes maritimes.

Atelier des **Kajikawa**.

516. — Inro à quatre cases en laque *togidashi*, décoré sur fond noir semé de paillettes d'argent de bouquets d'herbes d'automne en laque d'or.

Attribué à **Shunsho**.

517. — Inro à une case, formant boîte à cachet en laque *tame*, décoré au laque d'or de chimère et de pivoine.

xviiı⁰ siècle.

518. — Inro à quatre cases en laque *ro-iro*, offrant en laque d'or et d'argent un médaillon représentant Fukuroku-djiu accompagné du cerf et de la grue sacrés.

Au dos le tronc d'un cerisier et une branche aux fleurs de nacre.

Attribué à **Koma I**.

519. — Inro à trois cases en laque *ro-iro*, décoré en laque *makiye* et *kirikane*, d'une sorte de figure d'Okume, accroupie devant un hibashi.

Signé : **Tsuchida Soyetsu**.

520. — Inro à quatre cases en laque argenté, décoré en polychromie et incrustations de burgau de deux sphères, d'un vase et de feuillages divers.

Signé : **Tairyukyo Zeshin.**

521. — Inro à quatre cases en laque *mura-nashiji*, décoré aux laques d'or et d'argent, sur une face, d'un vol de grues au milieu de nuages poudrés d'or et sur l'autre de tortues marines dans l'eau claire d'un ruisseau ; ces deux animaux sont symboles de longévité.

Attribué à **Jokosai.**

522. — Inro à quatre case en laque *togidashi*, offrant deux oiseaux réfugiés sur une branche fleurie au lever du soleil.

Attribué à **Shunsho.**

523. — Très bel inro à quatre compartiments, en laque d'or, décoré à l'encre de Chine d'une jolie peinture représentant Hoteï, un écran à la main, debout près de son sac et regardant en l'air.

Jolie pièce signée : **Shoryusai** *ou* **Shorissai,** *d'après une peinture de* **Hogen Yesen.**

524. — Inro à une seule case en laque brun imitant le cuir, décoré en polychromie, de laque dans le style chinois des sept sages dans la forêt de bambous.

xviiie siècle.

525. — Inro à quatre cases en laque *tsuishu*, sculpté sur un fond géométrique de deux poésies dont les caractères réservés en relief, se lisent : « Nuit et jour je contemple une montagne solitaire et dénudée. »

xviii° siècle.

526 — Inro à cinq compartiments en laque *nashiji*, décoré d'un archer tirant à l'arc : les cibles, atteintes dans le centre, déclanchent des apparitions à têtes de dragons ou de diables.

Au deuxième plan un décor représentant un shojo avec une jarre et une cuiller à sake.

Signé : **Yoyusai**.

527. — Inro à cinq cases en laque *ro-iro* uni, contenu dans un cadre de laque noir offrant en haut relief de nacre un hibou sur une branche d'arbre, en laque d'or et laque rouge.

Attribué à **Chohei (Bakushuhan)**.

528. — Inro à cinq cases en laque *ro-iro*, décoré au laque d'or d'un couple de cigognes, au plumage rehaussé de nacre.

Signé : **Joka**.

529. — Inro à une case en laque *ro-iro*, décoré sur une face d'une cigogne en laque rouge, et sur l'autre de bambous et d'aiguilles de pins en *chinkenboro*.

Attribué à **Hanzan**.

530. — Inro à deux cases en laque *mura-nashiji*, décoré en burgau, de deux chevaux jouant sous un arbre aux feuilles chatoyantes.

Travail de **Somada**.

xviiie siècle.

531. — Inro à quatre cases en laque *ro-iro*, décoré en laque d'or et d'argent d'un enfant tirant un bœuf à l'aide d'une corde.

Attribué à **Shiomi Masasane**.

532. — Inro à quatre cases en laque *tame*, offrant en fines incrustations de nacre et de plomb, rehaussées de laque d'or et laque rouge un bouquet fleuri où volent de gracieux papillons.

Signé : **Jokwasai**.

533. — Inro à trois cases en laque argenté et granité imitant le fer, décoré au laque d'or de petits médaillons stylisés imitant une damasquinure. Netsuke bouton de décor similaire.

Inro signé : **Shozan**.
Netsuke signé : **Kakosai (Shozan)**.

534. — Inro à quatre cases en laque *ro-iro*, décoré au laque d'or rehaussé de nacre, de trois personnages en barque.

Attribué à **Soyetsu**, *école de* **Kworin**.

535. — Inro à quatre cases en laque *ro-iro*, décoré en laque d'or et rouge, d'un personnage coupant des prêles.

Très belle pièce du XVIIe siècle, dans le style de **Kworin**.

536. — Inro à quatre cases en laque *nashiji* sur fond rouge brique, décoré en relief de laques d'or et d'argent d'un singe dans les bambous retenant par la queue un chien qui veut bondir sur un chat endormi.

Attribué à **Koma I**.

537. — Inro à trois cases en laque *togidashi* d'or, très finement décoré en poudre d'or fin et laque rouge de trois singes grimaçant.

Signé : **Shiomi Masasane**.

538. — Inro à quatre cases en laque d'or à surface cannelée, décoré en haut relief de poterie, laques et métaux de Ushiwaka Maru (nom de Yoshitsune, jeune) sur le pont Gojo, vaincu par Benkei, tenant d'une main son sabre, de l'autre son éventail de guerre.

Signé : **Ritsuo**.
Cachet : **Kwan**.

539. — Inro à deux cases en laque d'argent décoré de trois enfants, aux figures d'ivoire, jouant avec des coquillages ou poursuivant un papillon.

Attribué à **Hanzan**.

540. — Inro double face à quatre cases. Une face en laque *taka-makiye* est décorée d'un cortège de renards portant un norimono : sur l'autre face, le cortège se continue, mais en léger relief de laque noir sur un fond garni d'un très léger poudré d'or.

Signé : **Nagayuki** *ou* **Choko**.
XVIIIe siècle.

541. — Inro à trois cases en écorce décoré en laque vert et laque d'or d'un bourdon sur des branches de pins.

Signé : **Zeshin**.

542. — Inro à trois cases en laque *ro-iro*, décoré au laque d'or de gerbes de blé et d'un rat sentant l'orifice d'une gourde en chinkin-boro.

Signé dans la gourde : **Tsuneka** *ou* **Joka**.

543. — Grand inro, dit « de lutteur », à trois cases, offrant en une très grande variété de laques sur fond *hirame-ji*, la figure d'un fumeur d'opium, rêvant sans doute qu'il a sous ses ordres de nombreux petits personnages empressés autour de lui, portant péniblement sa pochette, ou assis à califourchon sur sa pipette.

Signé : **Jokwasai**.

544. — Curieux inro à trois cases, en bois naturel, décoré sur une face en peinture sur fond d'or, d'un bambou aux branches chargées d'attributs de fête du premier jour de l'an. La peinture est protégée par une feuille de mica maintenue par une petite baguette d'argent.

Sur l'autre face, en application de poterie, une feuille et deux dévidoirs.

Ecole de **Ritsuo**.

545. — Inro à cinq cases en laque *nashiji*, décoré en laque d'or et riches incrustations de nacre de gracieuses branches d'hortensias en fleurs.

Attribué à **Hosensai**.

546. — Petit inro à une case en bois naturel, ayant la forme d'un tonnelet hexagonal, décoré au laque d'or d'un cerisier aux fleurs d'or et d'argent.

Sur la face supérieure, un dragon salamandre en argent ciselé.

Attribué à **Komin**.

547. — Inro à trois cases, de forme circulaire et bombée, en laque

nashiji d'un poudré très fin, décoré de trois corbeaux en laque noir au-dessus d'un champ de blé.

Signé : **Yoyusai.**

548. — Inro à quatre cases en laque *tame*, brun, décoré en laque d'or et incrustations de nacre, de cigognes et de jeunes pousses de pins.

Attribué à **Soyetsu.**

Vente Gillot, n° 408 A.

549. — Inro à cinq cases en laque *nashiji*, décoré au laque d'or d'un vol de passereaux dans les rochers au bord des flots.

Attribué à **Jokosai.**

550. — Inro à quatre cases, en laque *makiye*, décoré en argent ciselé d'un dragon menaçant un tigre de laque noir.

Le dragon dans le ciel représente la force des éléments sur l'animal le plus fort de la création : la réunion de ces deux forces évoquait en Chine l'Empereur et ses ministres.

Très jolie pièce du XVIIe siècle.

551. — Petit inro à trois cases, en laque d'or mat, décoré, en application de nacre et d'étain, de chrysanthèmes en espalier.

Atelier de **Kworin.**

Vente Gillot, n° 482.

552. — Inro à quatre cases, en laque *ro-iro*, décoré au laque d'or de cinquante-deux petits panneaux fleuris, ayant chacun un nom et représentant un jeu de cartes complet pour le jeu de « Genji ».

Attribué à **Igarashi.**

553. — Inro à trois cases, en laque *mura-nashiji*, décoré au laque d'or de tortues marines et de cigognes, près de pins et de bambous, tous éléments de félicité et longévité.

Attribué à **Jokosai.**

554. — Inro à quatre cases en laque *ro-iro*, décoré en relief de laque d'or d'un bœuf, entraînant avec lui une sorte de serpe qui, plantée en terre, lui servait de piquet d'attache.

Atelier des **Koma**.

555. — Inro à une seule case, formant boîte à cachet, en laque *ro-iro*, décoré en application de nacre et de poterie avec chinkinboro, d'une biwa, de coquillages et de pousses de bambous.

Cachet **Kwan** (**Ritsuo**).

556. — Inro à quatre cases, en laque *nashiji*, offrant en laques divers un groupe de cinq chevaux.

Atelier des **Kajikawa**.

557. — Inro à quatre cases. Sur un fond noir poudré d'or fin se détachent en laque d'or deux stores de vérandah, mi-baissés. A l'un d'eux pend un ornement de fête pour le premier jour de l'an.

Signé : **Shigetane**.
xviiie siècle.

558. — Inro à quatre cases, en laque *fundame*, non poli, décoré en incrustations diverses et laque d'or, de bestioles variées sur des pieux au milieu de roseaux.

Signé : **Zeshin**.

559. — Inro à quatre cases, en laque *ro-iro*, décoré en laque d'or et burgau, d'une cigale près d'une branche de pin et d'un obusier primitif.

Attribué à **Soyetsu**.

560. — Inro à trois cases, les angles coupés, en laque *nashiji*, offrant en laque d'or un vol de passereaux au-dessus des flots de la mer.

Signé : **Jokwasai**.

561. — Inro à trois cases. Sur un fond de laque rouge uni, se

détache en laques jaune et vert un petit paysage dessiné dans le style chinois.

Attribué à **Zonsei**.

562. — Inro à une case, en laque *nashiji*. Deux personnages accroupis tentent vainement de se dissimuler aux yeux d'un archer qui s'apprête à leur décocher une flèche.

Attribué à **Yoyusai**.

563. — Inro à quatre cases, en laque *togidashi* et laque *taka-makiye*, décoré de nombreux médaillons stylisés de fleurs variées.

Style de **Jokwasai**.

564. — Inro à deux cases, en laque *ro-iro* : sur une face, une cloche en laque bronzé et incrustations de nacre ; sur l'autre face une lanterne au bout d'un bâton.

Signé : **Jokwasai**.

565. — Inro à deux cases, en bois naturel, très joliment orné, en poteries et laques variés, de deux bornes et d'herbes au clair de lune.

Cachet sur la plaque de porcelaine : **Kwan (Ritsuo)**.

566. — Inro à quatre cases, dont les deux faces sont ornées, sur un fond de laque *ro-iro*, de tigres en haut relief de laque d'or et roulés en boule, l'un assoupi, l'autre menaçant.

Signé : **Jokwasai**.

567. — Inro à quatre cases, offrant en haut relief de laque noir et or sur un fond *kamakura*, frotté et poli (rouge veiné noir), un aigle sur une branche d'arbre.

Très jolie tonalité.

Attribué à **Hanzan**.

568. — Inro à cinq cases, en laque *nashiji*, décoré au laque d'or de branches de volubilis en fleurs.

Atelier des **Kajikawa**.

569. — Inro à quatre cases, de formes bombées, en vieux laque *kamakura*, à décor d'oiseaux volant au-dessus de rochers au bord de la mer, en laque d'or et laque noir.

Attribué à **Hanzan**.

570. — Inro à cinq cases, de forme étroite et allongée, en laque *ro-iro*, décoré au laque d'or de quatre cigognes dans les herbes au bord du marais.

Atelier des **Kajikawa**.

571. — Inro à quatre cases, de forme plate et hexagonale, en laque *ro-iro*, décoré en polychromie de deux singes tentant de hisser un fruit enfeuillagé attaché à une longue corde.

Atelier des **Kajikawa**.

572. — Inro à deux cases, en laque *ro-iro*, décoré au laque d'or avec incrustations de nacre d'un vol de légers papillons.

Style des **Koma**.

573. — Inro à trois cases, en bois naturel finement strié, décoré en application de porcelaines, d'un éléphant richement caparaçonné.

Une inscription au laque d'or dit : *Sho-rai-gi-fuki* (l'éléphant apparaît avec le bonheur).

Cachet : **Kwan** (Ritsuo).

574. — Inro à quatre cases, en laque *fundame*. Sur une branche d'arbre, un grand-duc regarde plusieurs corbeaux s'enfuyant à tire-d'ailes.

Attribué à **Hanzan**.

575. — Inro à trois cases, en écorce d'arbre, laquée or, de branches fleuries et d'un panier.

Attribué à **Zeshin**.

576. — Inro à trois cases, en laque *taka-makiye* et *kirikane*, décoré

d'un groupe d'oni se réfugiant, terrifiés, sous les rochers, à l'apparition de Shoki.

Très bon inro, attribué à **Kajikawa I.**

577. — Inro à cinq cases, en laque *togidashi*, décoré au laque d'or sur fond noir, d'un motif de grecques avec réserves de fleurs de cerisier.

L'inro se glisse dans un étui en laque nashiji, décoré d'un pont au milieu des arbres.

Style de **Shunsho.**

578. — Inro à trois cases, en laque *ro-iro*, décoré en haut relief de poterie d'une chimère jouant avec la sphère ajourée, et d'un socle finement burgauté.

Cachet : **Kwan (Ritsuo).**

579. — Inro à cinq cases, de forme tubulaire et cannelée, en laque *ro-iro*, décoré au laque d'or de cigognes et de bambous.

Atelier des **Koma.**

580. — Inro à une seule case, en bambou sculpté d'une troupe de chevaux sauvages, l'un d'eux appliqué en ivoire.

Signé : **Shokei.**

581. — Inro à quatre cases, en laque noir *ro-iro*. Shoki, en vêtement de laque d'or, contemple un oni, qui, dans sa frayeur, s'est pris dans une gigantesque toile d'araignée, d'où il tente vainement de s'enfuir.

Atelier des **Koma.**

582. — Inro à trois cases, en laque *nashiji*, décoré de trois cigognes en nacre.

Signé : **Masamori.**

583. — Inro à trois cases, en bois naturel rehaussé d'applications de poterie, représentant un personnage assoupi près d'une théière et

autres instruments. Derrière lui un paravent masque le tronc d'un palmier.

Style de **Ritsuo,** *par* **Zeshin.**

584. — Inro à trois cases, en *ivoire*, richement décoré au laque d'or d'un coq, d'une poule et de poussins, picorant au bord du ruisseau.

Signé : **Kwanyosai.**

Provient de la collection Huth, de Londres.

585. — Inro à trois cases, en laque *ro-iro*, décoré au laque d'or avec incrustations de nacre de deux araignées tissant leur toile.

Les coulisseaux sont richement décorés de feuillages stylisés, en laque d'or.

Attribué à **Toyo Kwanshosai.**

586. — Inro à quatre cases, en laque noir, décoré en laques divers d'une figure de shoki, en quête d'oni.

Signé : **D'après une peinture de Sesshu.**

587. — Curieux inro, à deux cases, en bambou ; sur une face un jeune garçon s'est assoupi, cependant que son bœuf, sur l'autre face, s'impatiente et tire sur la corde qui l'attache.

Style de **Hanzan.**

588. — Très bel inro, à quatre cases, en laque *tame*, offrant en relief d'écaille tous les éléments composant une armure.

Excellente pièce du XVIIe siècle.

589. — Inro à cinq cases, en laque *taka-makiye* ; de rocs en rocs, la cascade se précipite au milieu des pins et des bambous.

Attribué aux premiers **Kajikawa.**

590. — Inro à quatre cases, en laque *ro-iro*, décoré au laque d'or d'un tronc de cerisier sur lequel se tient un dragon menaçant.

Style des **Koma.**

591. — Inro à quatre cases, en laque noir *ro-iro* : une chimère, en haut relief de laque d'or, contemple un panier fleuri de chrysanthèmes.

Attribué aux premiers **Koma.**

592. — Inro à quatre cases, en bois naturel, joliment décoré au laque d'or de hautes collines plantées de pins.

Signé : **Kajikawa Buryosai.**

593. — Inro à quatre cases, en laque *nashiji*, décoré au laque d'or d'un couple de perdrix dans les herbes.

Attribué à **Jokosai.**

594. — Inro à deux cases, en laque *ro-iro*, représentant en laque d'or et d'argent, une chimère accroupie près d'un rocher.

Atelier des **Koma.**

595. — Inro à cinq cases, en laque *togidashi* : vol de moineaux dans les nuages, dans lesquels apparaissent les sommets de hautes collines.

Signé : **Sekigawa.**

Cachet : **Seiti.**

596. — Grand inro, dit « de lutteur », en laque *oki-kirame*, décoré en fort relief de laque d'or et de nacre, de Asazuma Fune, un éventail d'une main, un tsuzumi de l'autre, sous un saule pleureur, dans une barque de nacre.

Cette femme vêtue, comme Shizuka (compagne de Yoshitsune) de robes flottantes et de cheveux longs, était la maîtresse du quatrième Shogun des Tokugawa, Iyetsuna, qui préférait les parties de bateau avec elle, aux soucis du gouvernement. C'est un poème écrit à ce sujet qui valut à son auteur, Hanabusa Icho, un exil douloureux.

Très jolie pièce signée : **Kwanshosai Toyo.**

597. — Inro à cinq cases, en laque *nashiji* d'or et d'argent, décoré en haut relief de laque *iro-makiye* et de nacre, d'un martin-pêcheur sur une plante aquatique, menaçant un crabe en laque rouge.

Très beau travail de laque signé : **Kwanshosai.**

598. — Inro à quatre cases, en laque brun imitant le fer. Sur la grève, à marée basse, des coquillages s'entr'ouvrent.

Incrustations de poteries diverses.

L'intérieur des cases est doublé d'argent.

Jolie pièce de l'école de **Ritsuo**, *signé* **Chinkei.**

599. — Inro à deux cases, en bois naturel, décoré au laque d'or d'ornements stylisés : une inscription explique que ce sont des motifs relevés par le laqueur sur des armures anciennes, « *ornements dorés d'une ancienne armure* » — « *armoirie de la même armure* ».

Signé : **Kinyosai.**

600. — Inro à trois cases, en laque *ro-iro*, décoré au laque d'or de deux panneaux montrant l'un, un lièvre courant au-dessus des flots, l'autre un rocher au milieu des vagues.

Atelier des **Koma.**

601. — Inro à six cases, en laque d'or mat, de forme excessivement étroite et allongée, illustrant la légende d'Ashinaga et Tenaga ou Chokyaku et Chohi, l'homme aux longues jambes et l'homme aux longs bras : ils vivaient sur une grève au nord de la Chine, se nourrissant de poissons que Tenaga atteignait à une assez grande profondeur dans la mer, alors qu'il était juché sur les épaules d'Ashinaga qui le protégeait des flots.

(L'aveugle et le paralytique japonais.)

Signé : **Kajikawa.**

602. — Très bel inro en forme d'écran, en bois naturel, formant reliquaire.

L'une des faces extérieures est sculptée de divers instruments de musique, l'autre face d'un éléphant portant un reliquaire.

L'inro s'ouvre en deux et découvre sur l'une des faces internes la figure de Yemma Ten, le roi des Enfers, Yama Raja, un des douze rois Deva. Il est sculpté et laqué brun avec rehauts de nacre et de poterie.

La divinité est assise, coiffée de la tiare, portant le caractère habituel, tenant une tablette d'une main : à ses pieds un taiko.

Sur l'autre face, une inscription et le cachet de l'artiste : **Kwan (Ritsuo).**

603. — Très bel inro en laque *oki kirame*, à larges paillons. Dans un magnifique relief de laque d'argent d'une extrême finesse de ciselure, un aigle terrasse une cigogne.

Signé : **Toyo.**

604. — Inro à quatre cases, en laque *tame :* un cerf et une biche en laques d'or et d'argent sont arrêtés près de la lanterne d'un temple, toute incrustée de nacre.

Signé : **Koami Nagataka.**

605. — Très bon inro à trois cases, en laque *tsuikoku*, réservant deux larges panneaux décorés, en plaquette d'écaille sur un fond de vagues stylisées en incrustation de burgau, d'un paysage maritime dans le caractère chinois.

Début du xviii⁰ siècle.

606. — Inro à quatre cases, en laque *taka-makiye*, représentant un noble personnage, arrêté près d'un étang, où se mire la lune qu'il contemple : cependant un jeune serviteur portant son sabre, l'attend.

Signé : **Kakwosai.**

607. — Curieux inro à cinq cases, en laque moucheté rouge et noir, les coulisseaux étant en laque d'or. Sur ce fond marbré se détache en relief de plomb, de laque d'or et de laque rouge, une raie et une langouste au milieu d'herbes.

Signé : **Koma Kioryu.**

608. — Magnifique inro, dit « de lutteur », à deux cases, en laque d'or *taka-makiye* d'aspect rugueux. La pièce représente une gigantesque tête d'oni, aux yeux de cristal laqués.

La bouche largement ouverte est garnie de dents et sur la langue laqué rouge repose une figure de Shoki, le tueur d'oni, les chairs en ivoire sculpté, étendu paisiblement, son sabre à ses côtés.

Au revers de l'inro, le décor représente les cheveux de l'oni, magnifiquement traités en laque d'argent.

Très belle pièce signée : **Jitokusai Gyokuzan.**

Fin du xviiie siècle.

609. — Inro à deux cases, en laque *togidashi*, très finement décoré d'un joli bouquet d'herbes d'automne.

L'inro se glisse dans un étui en laque *taka-makiye*, réservant deux panneaux sertis d'argent, offrant en relief de laque et de nacre un couple de faisans et un couple de perdrix au milieu de branches fleuries.

Attribué à **Kajikawa.**

Début du xixe siècle.

610. — Inro à quatre cases, en laque noir *ro-iro*, décoré en haut relief de laques d'or de différentes tonalités, d'un bouquet de pivoines fleuries.

Signé : **Koma Kyuhaku.**

611. — Inro à trois cases, en bois naturel, décoré au laque d'or, d'oies venant se poser sur des rochers.

Attribué à **Kwanshosai Toyo.**

612. — Inro à trois cases, en laque *ro-iro*, richement décoré en incrustation de nacre et applications de feuilles de métaux divers, d'une mante religieuse sur une branche de catalpa chargée de fruits.

Attribué à **Kenya,** *élève de* **Ritsuo.**

613. — Inro à une case, formant boîte à cachet, en laque *ro-iro*, décoré d'un balais en laque rouge et de fleurettes diverses en nacre et laque rouge.

Attribué à **Chokwan.**

614. — Curieux inro en bois naturel, décoré au laque d'or avec riches incrustations de nacre, d'un coq, d'une poule et de poussins.

L'inro s'ouvre en deux et dégage quatre petites boîtes formées de véritables œufs d'oiseaux, coupés en deux et laqués : deux sont décorés au laque d'or de paysages, et deux, de poésies.

Signé : **Hirose.**

615. — Inro à quatre cases en laque noir, décoré aux laques d'or et d'argent d'un ours menaçant les racines d'un vieux tronc de prunier dont les contours simulent un dragon.

Atelier des **Koma.**

616. — Inro à trois cases, en laque *mura-nashiji*, décoré d'un guerrier poursuivant un personnage qui s'est réfugié de l'autre côté du ruisseau et lui fait la nique en lui montrant... son œil.

Atelier des **Koma.**

617. — Inro à trois cases, en laque *ro-iro*, décoré au laque d'or de Yorimassa tuant le Nuye.

Yorimassa, fameux archer et poëte, atteint le comble de la gloire en tuant le Nuye. La troisième année de Nimpeï (1153), le quatrième mois, un étrange animal apparut sur les toits du palais impérial, et on attribua à sa présence néfaste la grave maladie de l'Empereur Konoye. L'animal disparaissait pendant le jour. Aussi Yorimassa se mit-il à l'affût une nuit, avec son arc et son épée : il réussit, à l'aide d'une flèche habilement lancée, à faire tomber l'animal du toit ; il avait la tête d'un singe, les pattes d'un tigre, le dos d'un kangourou et sa queue se terminait par une tête de serpent. Yorimassa acheva l'animal aidé de son serviteur Ino Hayata Tadazumi.

Attribué aux premiers **Koma.**

618. — Inro à quatre cases en laque d'or *taka-makiye* décoré de branches fleuries avec incrustations de nacre et de corail.

Jolie pièce attribuée à **Kochin.**

619. — Petit inro à une case, de forme bombée, en laque d'or mat, décoré en relief de laque brun d'une langouste.

Signé : **Reisai** (fils de Zeshin).

620. — Curieux inro à quatre cases en laque brun *taisha-nuri*. Chaque case, bombée, est décorée, en nacre, laque et burgau de sphères irrégulières.

Atelier de **Kworin.**

621. — Inro à deux cases en laque *ro-iro*, décoré en laques polychromes d'un enfant, assis sur un bœuf et jouant de la flûte, symbole de la quiétude parfaite.

Attribué à **Tsuchida Soyetsu.**

622. — Inro à cinq cases en laque *nashiji*, décoré en haut relief de laque d'or des sept sages dans la forêt de bambous, se promenant et causant.

Attribué aux premiers **Kajikawa.**

623. — Inro à quatre cases en laque *ro-iro*, irrégulièrement poudré d'or, décoré de cigognes en relief de laque frotté.

Attribué à **Kahei (Sanko).**

Vente Gillot. n° 372.

624. — Inro à deux cases en bois naturel, décoré en laque d'or et d'argent et laque noir d'armoiries diverses, fameuses, l'une (en laque noir) : « *Armoirie du fameux général Kumagai Naozane* »; sur la même face : « *décorant la robe de Todaizi Hachimangu* », le célèbre prince guerrier; et la dernière « *ornant un cheval faisant partie du trésor du temple Todaigi* ».

Signé : **Kwanyusai Moritmitsu.**

625. — Inro à deux cases en très joli laque rouge, décoré au laque d'or d'oiseaux dans les arbres en fleurs.

Atelier des **Koma.**

626. — Inro à deux cases en bois naturel, décoré au laque d'or de Kitsune Tsuki, renard habillé de vêtements d'homme. Debout, appuyé sur un bâton, près de meules de blé, il regarde un petit animal se débattant dans un piège.

Coulant en argent ciselé. Netsuke en bois, renard et sphère.

Signé : **Zeshin**.

627. — Inro à deux cases en bois naturel, décoré en application de poterie et de métaux divers de six masques d'oni, de Hannya, de Shiwazo, de Kumasaka, etc.

Style de **Ritsuo**.

628. — Inro à une case en laque *ro-iro*, décoré en laque d'argent de deux rats près d'un bouquet aux branches de nacre et de laque d'or.

Atelier des **Koma**.

629. — Inro à deux cases en bois naturel décoré en plomb et nacre d'une forêt de pins. Coulant en ivoire sculpté d'un masque.

Atelier de **Kworin**.

630. — Inro en bois naturel, décoré sur une face d'une plaquette en métal ciselé d'un petit personnage portant un ornement de temple, et sur l'autre face d'une balustrade de temple en laque et poterie près de laquelle volent deux hirondelles.

Une des faces coulissant dégage quatre petits tiroirs.

Signé : **Kajikawa**.

631. — Inro à quatre compartiments en laque *nashiji*, décoré en haut relief de laque d'or d'un dragon émergeant des flots, au lever du soleil.

Très beau travail signé : **Mitsuhide ou Kwoye**.

632. — Inro à cinq cases en laque *ro-iro*, décoré en haut relief de laque d'or et de laque rouge d'une figure de Yemma ten, le dieu de l'Enfer. Sur sa coiffure formée d'une tiare est inscrit le caractère de

sa royauté. A son cou pend une plaquette de laque d'or ciselé de la lune et du soleil au milieu des nuages.

Très joli travail du laqueur : **Reishosai Kwoji.**
Cachet : **Kiku.**

633. — Inro à quatre cases en laque *nashiji* avec réserve de petits paysages en *togidashi* d'or, inscrits dans des coquilles marines.

Style de **Shunsho.**

634. — Inro à quatre cases en laque *nashiji* décoré en incrustation de nacre, de corne et d'écaille, et laque or de branches de chrysan-thèmes d'un joli effet décoratif.

Attribué à **Seiji** *ou* **Tadaji.**

635. — Joli inro à trois cases en laque *tsuikoku*, réservant deux anneaux représentant un paysage en écaille sculptée se détachant sur le fond burgauté de la mer stylisée.

Début du xviiie siècle.

636. — Inro à quatre cases en laques de couleur *iro-makiye* sur fond brun, à décor de paysage.

Au dos de l'inro une poésie.

xviiie siècle.

637. — Très bel inro à quatre cases en laque *gyobu* et laque brun, incrusté d'argent, décoré d'un dragon au milieu des nuages.

Les coulisseaux sont en argent ciselé de dragons.

Jolie pièce du xviiie siècle.

638. — Inro à quatre cases en laque *nashiji* décoré en laque d'or, nacre et plomb, d'un vol d'oiseaux au-dessus de nombreuses barques aux voiles tendues.

Signé : **Kajikawa.**

639. — Inro à quatre cases, de forme tubulaire en laque *ro-iro* décoré en relief d'or et d'argent d'un dragon dans les nuages.

Atelier des **Koma.**

640. — Très bon inro en laque *kamakura*, sculpté en haut relief de deux Rishi, l'un pêchant, l'autre se promenant sous les pins.
Un couvercle débordant est sculpté de dragons et de nuages.
Attribué au xvie siècle.

641. — Inro à trois cases en laque *ro-iro*, décoré au laque d'or d'un vol de grues au-dessus des flots.
Atelier des **Koma.**

642. — Inro à trois cases en laque brun *tame*, offrant en laques divers des poissons variés finement ciselés.
Signé : **Chokwan** *ou* **Nagahiro.**

643. — Curieux inro à trois cases, avec étui, en écorce de merisier, décoré en laque d'or, laques vert et rose, de feuilles d'érable.
Attribué à **Kajikawa Bunriusai.**

644. — Très curieux inro, ou boîte à cachet, dont le corps en ivoire sculpté imitant une vannerie, est décoré d'un vol d'oies sauvages en plomb et laque d'or.
Les deux faces sont en laque *ro-iro*; la face supérieure est gravée d'un archer tirant des oies et porte la signature de l'artiste :
Ippo.
Cachet : **Yamakawa.**

645. — Magnifique inro primitif à quatre cases, décoré sur fond de laque brun, en relief de laque d'or et incrustations de nacre, d'un bouquet très fourni de chrysanthèmes.
Fin du xviie siècle.

646. — Inro à quatre cases en laque d'or mat, offrant en relief de laque rouge la figure d'un des deux Nyo, gardiens de temple, dont la vue suffit à effrayer les mauvais génies.
Signé : **Bunryosai.**

647. — Inro à quatre cases en laque d'or mat : sur une face s'agite un personnage en nacre et écaille, coupant des prêles, de laque d'or : sur l'autre un lapin d'écaille se dissimule dans les hautes herbes au clair de lune.

École de **Kworin.**

648. — Inro à trois compartiments, imitant un bâton d'encre de Chine.

L'une des faces porte en haut relief d'or sur fond poudré un décor de dragon dans les nuages : l'autre face offre une inscription : « *Le dragon haut dans le ciel fait prévoir l'arrivée d'un grand homme.* »

Cachet : **Shutoho.**

Daté : **fait dans l'ère Horeki.**

(1751-1763).

649. — Inro à trois cases en laque *ro-iro*, décoré sur une face d'un chat en plomb, accroupi près d'un buisson de chrysanthèmes sur lequel se pose un papillon.

Atelier des **Koma.**

650. — Inro à quatre cases en laque *ro-iro*, décoré au laque d'or de deux serviteurs, dont l'un porte une lance près d'un norimon arrêté sous les pins.

Signé : **Masaju.**

Cachet : **Bon ?**

651. — Inro à trois cases en laque *gyobu*, décoré de rochers, sur lesquels, sont groupés en incrustations de métaux divers, les douze animaux zodiaques, Jui-ni-shi, soit le rat (Ne), le bœuf (uski), le tigre (tora), le lièvre (U), le dragon (tatsu), le serpent (Mi), le cheval (Uma), le bélier (Hitsuji), le singe (saru), le coq (tori), le chien (inu), le sanglier (I).

Fin du xviie siècle.

652. — Inro à cinq cases en laque *taka-makiye* décoré en haut relief d'un aigle en laque d'argent sur le tronc d'un prunier en fleurs.

Signé : **Yosenin Hoin.**

653. — Inro à quatre cases en laque *togidashi*, décoré en laques polychromes sur fond rouge de deux prêtres aux longs sourcils, l'un assis un rosaire à la main, l'autre debout s'appuyant sur un bâton noueux.

L'inro glisse dans un cadre en laque *nashiji* et *kirikane* à décor de nuages.

Signé : **Jokosai.**

654. — Inro à quatre cases en laque *taka makiye* offrant en relief d'or la figure de l'empereur chinois qui le premier découvrit la médecine : il est représenté assis, vêtu d'un court manteau de paille et de feuilles, goûtant des herbes.

Au dos un poème :

Pour la première fois il goûta d'innombrables herbes, empoisonnées ou nourrissantes.

Il découvrit ainsi la médecine et sa vertu dépasse celle des autres sages aux têtes de veau et aux corps d'hommes, lui le sage par excellence.

Pour des milliers de dynastie, l'influence de son règne sera des plus glorieuses.

Poème signé : **Doin Kimura Ho.**

Inro signé : **Jishusai Joryu.**

655. — Inro à trois cases en bois naturel décoré en laque brun d'un pin sous lequel se repose un cerf au corps laqué.

Derrière, une lanterne de temple.

Attribuée à **Kwanshosai Toyo.**

656. — Inro à quatre cases en laque *ro-iro*, offrant en haut relief d'or, une chimère Kylin, bondissant près d'un bouquet de pivoines épanouies.

Attribué aux premiers **Koma.**

657. — Curieux inro à trois cases, avec son étui, en écorce de merisier, imitant l'écaille.

Netsuké bouton avec plaquette de laque tsuikoku, sculpté de dragons et de nuages.

Style de **Zeshin.**

658. — Inro à quatre cases en laque *tame*, brun rougeâtre, sculpté d'une mante religieuse et de branches fleuries.

Signé : **Nobu toshi** *ou* **Enju**.

659. — Inro à quatre cases, de forme quadrilatérale, en laque *ro-iro*, décoré au laque d'or, d'une grue et d'un oiseau près d'un pin.

Attribué aux premiers **Koma**.

660. — Inro à quatre cases en laque *mura-nashiji*, décoré en haut relief d'or et d'argent de deux mouettes posées sur les vagues auprès de rochers.

Signé : **Kwanshosai**.

661. — Inro à quatre cases en laque nashiji décoré sur une face de Kosekiko passant à cheval, au galop : sur l'autre face, debout sur le dragon qu'il a terrassé, Chorio lui tend son soulier.

Très beau travail de laques variés avec incrustations de nacre.

Signé : **Tatsume Jihei Masaaki**.

662. — Inro à quatre cases en laque *ro-iro* offrant en *chinkinboro* un coq, une poule et un poussin, le coq poursuivant une abeille.

Signé : **Chinhei**.

Cachet : **Kusakabe**.

xviiie siècle.

663. — Très bel inro à trois cases et son netsuke bouton, en laque *ro-iro* offrant en nacre, laque d'or, corne et bronze, un groupe de poissons variés au milieu d'algues marines.

Jolie pièce signée : **Bakushuhun Chohei**.

xviiie siècle.

664. — Inro à quatre cases de forme tubulaire quadrilatérale, en écorce d'arbre, décoré au laque d'or d'une tuile faîtière du temple de Nagoya, représentant un poisson dressé sur la tête.

Signé : **Bunryosai**.

665. — Inro à quatre cases en jolie laque *taka-makiye*, décoré sur une face de trois singes, deux jouant avec une balle, le troisième frappant une sorte de tambour : au dos une gracieuse procession de sauterelles portant comme attributs des feuilles ou des brins d'herbes.

> *Signé* : **Kiyoyuki**.
> xviiie siècle.

666. — Inro à trois cases en laque *fundame*, décoré d'un oiseau au plumage argenté se détachant sur un fond nuageux : au dos, une lune d'argent se dégage d'un bois de pins.

Coulant et netsuke en bambou décoré au laque d'or d'un motif fleuri.

> *Signé* : **Yoyusai**.

667. — Inro à quatre cases en laque *tsuishu* : une face formant médaillon est décorée d'un motif d'oiseaux Hôo stylisés en laque d'or sur laque brun non poli, imitant une damasquinure : l'autre face porte en relief de laque noir *tsuikoku* un vase fleuri.

Signé intérieurement et extérieurement.

> *Pour le laque rouge* : **Chokwan**.
> *Pour le laque noir* : **Hiyoku Hisahide**.

668. — Très bon inro à trois cases en laque rouge, décoré en laques variés de cinq modèles de casques.

> *A telier des* **Koma**.

669. — Inro à cinq cases en laque *ro-iro*, décoré au laque d'or d'une figure de Shoki, maintenant sous son pied un oni qu'il se prépare à traverser de son glaive : sur l'autre face un pont au milieu des pins.

> *Attribué à* **Koma Kiuhaku**.

670. — Très joli petit inro à trois cases en laque d'or mat, très finement décoré en incrustations de nacre et de burgau, d'un bouquet de pivoines et de papillons.

> *A telier des* **Koma**.

671. — Inro à quatre cases, de forme rectangulaire, en laque *ro-iro* décoré en laques d'or et d'argent d'un ours regardant des crabes et de deux oursons jouant.

Atelier des **Koma**.
xvııı^e siècle.

672. — Inro à quatre cases en laque d'or mat décoré en incrustations de nacre et de burgau d'une barque à demi dissimulée dans les herbes près desquelles se tient une cigogne.

Attribué à **Kahei (Omija)**.

673. — Inro à trois cases en laque *togidashi*, décoré en laque d'or et laque rouge d'oiseaux dans un cerisier en fleurs.

Atelier des **Koma**.

674. — Inro à quatre cases, en joli *togidashi* d'or, représentant un guerrier sur une terrasse décochant une flèche à une sorte de démon, costumé en guerrier et qui s'enfuit en se protégeant avec un bouclier de nacre.
(Peut-être la légende de Yorimassa et du Nuye.)
Signé : **Toyo (Hidechika)**.

675. — Merveilleux inro, formé d'une boîte rectangulaire en *togidashi* d'or, décoré d'un cortège coréen, arrivant en vue d'une habitation, au milieu des arbres.
La boîte se glisse dans un très bel étui en laques *guri* et *hirame*, les bords en laque *kirikane*, à décor de rinceaux stylisés.

Très belle pièce signée dans la boîte : **Koma Kyuhaku**.

676. — Grand inro, dit « de lutteur », en laque *ro-iro* et laque rouge décoré de motifs fleuris et de nuages.
Il y fut ajouté postérieurement, sans doute vers 1850, un bouquet d'iris et deux médaillons de pivoines en argent ciselé.

Attribué aux premiers **Koma**.
xvııı^e siècle.

677. — Inro à cinq cases en laque *tsuishu*, très finement ciselé dans un groupement familier des douze animaux zodiaques.

Attribué à **Genrin.**

xixᵉ siècle.

678. — Inro à deux compartiments en bois naturel décoré au laque d'or, d'oiseaux Hoô.

Coulant formé d'une branche de corail.

Netsuke taillé dans un pied de bambou.

Fin du xviiiᵉ siècle.

679. — Excellent inro à quatre cases en laque *taka-makiyé* et incrustations d'argent, décoré d'un dragon dans les nuages.

xviiᵉ siècle.

680. — Inro à trois cases en écorce naturelle de prunier, offrant comme décor, l'entrée du temple de Kasuga, à Nara en Yamato, près de la lanterne, deux daims paissent tranquillement.

Travail de laque imitant le bronze et le fer.

Signature et cachet : **Toyo (Kwanshosai).**

681. — Inro à quatre cases en laque *nashiji* décoré en laque d'or et noir d'un guerrier terrassant un démon à face noire.

Attribué à **Koma Kyuhaku.**

682. — Inro à deux cases en laque d'argent très brillant, décoré en *togidashi* de trois poissons dans les herbes.

L'inro glisse dans une boîte en forme de pochette en laque rouge décoré de dragons verts, aux contours formés d'un fil d'argent.

xviiᵉ-xviiiᵉ siècle.

683. — Inro à quatre cases en laque *ro-iro*, décoré au laque d'or rehaussé d'incrustations de nacre, d'un bœuf attelé à un char.

Attribué à **Tsuchida Soyetsu.**

684. — Inro à quatre cases en laque *ro-iro*, en forme d'une cage aux barreaux de laque d'or sur lesquels courent des plantes grimpantes. A l'intérieur, en laque togidashi, s'agitent des sauterelles.

Signé : **Jiryusai Sokwan ou Munetsura.**

685. — Inro à trois cases en laque *ro-iro*, décoré en laque d'argent d'un éléphant et d'un lapin.

L'inro est contenu dans un encadrement de laque burgauté.

Attribué à **Kahei.**

xviiie siècle.

686. — Inro à trois cases en bois naturel, décoré au laque d'or avec incrustations diverses de branches fleuries, de pins et d'insectes.

Signé : **Shokosai.**

687. — Inro à quatre cases en fin *nashiji*, décoré au laque d'or d'un couple d'oiseaux Hôo sur un paulownia en fleurs. L'inro glisse dans un cadre d'un décor similaire portant en outre deux médaillons d'écaille sculpté et ajouré de deux oiseaux Hoo.

Attribué à **Shiomi Masasane.**

688. — Inro à trois cases en bois naturel, décoré en incrustations de nacre et relief de laque d'or de trois cigognes dans les jeunes pins.

Attribué à **Koma Kiuhaku.**

689. — Inro à trois cases en écorce de *Kiri*; sur une face nagent trois mouettes en laque d'argent ; l'autre est décorée d'une boîte en laque *nashiji* à décor de rinceaux d'or.

Attribué à **Kajikawa Bunriusai.**

690. — Inro à trois cases en bois naturel, décoré en laque d'argent et laque noir d'un corbeau perché sur la boucle d'un ancre.

Attribué à **Kwanshosai Toyo.**

691. — Curieux inro à trois cases, en forme de bourse fermée, en

bois naturel décoré en laque *togidashi* des dieux du tonnerre et du vent, exécuté d'après la fameuse peinture de Kworin.

xviii° siècle.

692. — Inro à trois cases en laque *ro-iro*, décoré en laques divers de jonques et d'habitations.

Atelier des **Koma**.

693. — Inro à quatre cases, en laque *nashiji*. Un ours en laque gris est arrêté près d'un crabe, au bord des flots.

Attribué à **Kohei (Sanko)**.

694. — Inro à trois cases en laque *nashiji*, décoré en relief de laque d'or, d'herbes, au bord du ruisseau, sur lesquelles circulent de nombreux insectes au corps d'écaille.

Signé : **Kwanshosai**.

695. — Petit inro à quatre cases en laque *nashiji*, dans un feuillage d'or s'agitent de nombreux corbeaux aux plumages de laque noir.

Signé : **Katsunobu**.

Cachet : **So**.

696. — Inro à cinq cases en laque *ro-iro*, décoré au laque d'or du tronc noueux d'un cerisier aux fleurs de plomb et de poterie.

Attribué à **Kenzan (frère de Kworin)**.

697. — Inro à deux cases en bois naturel, sur lequel se détachent deux gracieuses libellules en laques divers.

xviii° siècle.

698. — Inro à deux cases en laque guri, rouge et noir, à décor de grecques et de rinceaux stylisés.

699. — Inro en forme de pochette, en bois naturel, décoré au laque d'or d'oiseaux Hôo et de branches fleuries.

Un fermoir, s'ouvrant, dégage quatre petits tiroirs en bois naturel, formant cases.

xviiie siècle.

700. — Joli inro à quatre cases en laque *taka-makiye*, décoré en laque d'or et d'argent de deux très fins paysages.

Le pourtour est décoré d'un semis serré de chrysanthèmes en laques polychromes.

L'inro glisse dans un étui d'un décor similaire orné de deux jolis menuki d'or ciselé, représentant un tigre et un dragon.

Attribué à **Jokwasai.**

701. — Inro à trois cases, une face en laque d'or, l'autre en laque imitant le shakudo, la première décorée d'une boîte en laque d'or montée en chariot, l'autre gravée en chinkinboro de jouets divers et de bambous.

Signé : **Morimitsu.**

Cachet : **Gen.**

702. — Inro à trois cases en laque d'or mat, décoré en incrustations de nacre de trois cigognes volant et de branches de pins.

Signé : **Riyo.**

703. — Grand inro dit « de lutteur », à deux cases, en laque *ro-iro*, décoré en togidashi d'un cortège de renards costumés, formant escorte à un norimon où se voit la jeune fiancée, fille du roi des Renards.

Sur une colline l'entrée d'une habitation.

Jolie pièce signée : **Shiomi-Masasane.**

704. — Inro à trois cases en laque gris imitant le shakudo, décoré sur une face en laque d'or d'un rideau formé de cordes et sur l'autre, en chinkinboro, d'un guerrier tenant une fine baguette.

Signé : **Toyo (Kwanshosai).**

705. — Curieux inro à deux cases, de forme ovale, en laque *ro-iro*, décoré en haut relief d'or, d'une selle, d'étriers et de mors.

Attribué aux premiers **Koma.**

706. — Inro à quatre cases en laque *ro-iro*, décoré sur une face d'un faucon, en laque d'argent, sur son perchoir, et sur l'autre d'instruments de fauconnerie.

Atelier des **Koma**.

707. — Inro à quatre cases en laque togidashi, décoré en ors variés d'un joli bouquet d'herbes d'automne.

Signé : **Koami Seizaburo Yoshikatsu**.

708. — Curieux inro à quatre cases en laque noir et laque brun, décoré au laque d'or de branches de vigne vierge.
Coulant en poterie, netsuke bouton en bois naturel.

Attribué à **Zeshin**.

709. — Très bel inro, à quatre cases, en laque *taka-makiye*, avec incrustations de nacre, décoré d'un couple de faisans dorés au milieu de fleurs de pivoines.

Signé : **Kakosai**.

710. — Inro à une seule case en laque noir *ro-iro*, poudré d'or fin et décoré en laque d'or et d'argent d'un coucou passant devant le disque lunaire.

Signé : **Kajikawa**.
Cachet : **Hana**.

711. — Inro à trois cases en laque *ro-iro*, décoré en haut relief de laque d'or d'une corbeille contenant le navet de Daïkoku, et la pêche Fantao de Fukurokujiu.

Signé : **Kajikawa**.

712. — Inro à quatre cases en laque *mura nashiji*, décoré en relief de laques polychromes de pièces d'armures, selles, étriers, mors, casques et carquois, joliment détaillées.

Signé : **Kajikawa**.
Cachet : **Hana**.

713. — Inro à cinq cases en laque *taka-makiye*, avec incrustations de nacre, décorés d'instruments de musique variés et de livres.

Signé : **Kajikawa**.
Cachet : **Kwa (Hana)**.

714. — Inro à quatre cases en joli laque *taka-makiye*, offrant un gracieux bouquet d'herbes d'automne.

Signé : **Kajikawa**.
Cachet : **Hana**.

715. — Inro à quatre cases en laque *taka-makiye*, ciselé d'un faucon sur la branche d'un pin, près de la cascade, regardant deux moineaux qui s'enfuient, épouvantés.

Atelier des **Kajikawa**.

716. — Inro à quatre cases en laque *makiye*, très finement décoré en relief de poissons en laques d'or et d'argent au milieu de plantes aquatiques aux feuilles d'or.

Signé : **Kajikawa**.
Cachet : **Hana**.

717. — Inro à quatre cases en laque *taka-makiye*, rehaussé de laque rose, décoré d'un oiseau sur un perchoir et d'ananas dans une coupe.

Signé : **Kajikawa**.
Cachet : **Hana**.

718. — Très bel inro à quatre cases en laque *taka-makiye*, très curieusement rehaussé de laque blanc, offrant cinq cigognes lissant leurs ailes.

Atelier des premiers **Kajikawa**.

719. — Grand inro, dit « de lutteur », à trois cases, en laque noir, pavé de pépites d'or et d'argent, et orné en haut relief de plomb, nacre et laques divers, d'un éléphant portant un siège de Bouddha (fleur de lotus) et qu'accompagnent deux enfants faisant de la musique.

Signé : **Kajikawa**.
Cachet : **Hana**.

720. — Inro à quatre cases, en très fin *nashiji*, décoré au laque d'or de cinq perdrix picorant des grappes de fruit.

Signé : **Koami Nagaharu**.

721. — Inro à quatre cases en laque d'or mat, offrant les douze animaux du Zodiaque en incrustations d'ivoire, d'écaille de nacre et de corne.

Signé : **Koma Kwansai**.

722. — Inro à quatre compartiments en laque d'or mat, décoré en laques divers incrustés de burgau, de nombreux insectes.

Attribué à **Kwanshosai**.

723. — Très bel inro en laque *taka-makiye*, décoré de trois petit personnages en or et shakudo, faisant ramper entre leurs jambes, pour l'humilier leur ancien maître, un Samurai exilé et dans la misère.

Très beau travail signé : **Kwogyokusai**.
xviiie siècle.

724. — Inro à quatre cases, en laque *togidashi* sur fond d'argent finement décoré d'un cortège formé de renards costumés escortant un norimon de noce, contenant la fille du roi des renards.

Très jolie pièce signée : **Jokwasai**.

725. — Inro à trois cases en *ivoire*, décoré sur une face au laque d'or de deux oiseaux sur un arbre en fleurs et sur l'autre face en or ciselé et incrustations de nacre de deux danseurs de Nô.

Attribué à **Kanyosai**.

726. — Très bel inro, dit « de lutteur »; à trois cases en laque *togidashi*; décoré sur une face du bac du passeur quittant la berge, chargé de nombreux voyageurs, et sur l'autre du disque rouge du soleil se dégageant des nuages au-dessus d'un bois de pins.

Signé : **Koma Kyuhaku**.

727. — Magnifique inro primitif en laque brun décoré en laque d'or et incrustations de nacre, d'une riche décoration florale.

Très belle pièce du xviie siècle.

Vente Gillot, n° 360.

728. — Très bel inro, dit « de lutteur », en bois naturel, en forme de bourse : sur une face, une langouste en haut relief d'or, d'une très fine exécution : sur l'autre une figure de démon sous la pluie s'abritant de la tempête avec une ombrelle déchirée : il porte à la main un cahier avec un caractère.

L'intérieur de la pochette renferme quatre délicieux tiroirs en laque *taka-makiye*, décorés de chrysanthèmes aux pétales rosées courant sur un treillage d'or.

Coulant (ojime) et netsuke-bouton en laque *tsuishu* finement sculpté de motifs fleuris.

Atelier des **Koma.**

xviiie siècle.

729. — Inro à cinq cases en laque *taka-makiye*, dont le décor illustre une page du Ehon Wakan Homare.

Lorsque les renards deviennent très vieux et ont plus de mille ans, ils deviennent blancs ou dorés : ils ont alors neuf queues et leur pouvoir est extrême.

Le Ehon Wakan Homare montre un de ces renards aux mains humaines, échappant à un guerrier.

Ces renards sont appelés Kiubi no Kitsune.

Signé : **Koma Kioryu.**

Inro en métaux divers.

730. — Inro en *bronze* jaune gravé d'un petit paysage, se glissant dans un étui en fer incrusté d'or et d'argent, le décor représentant un nid de guêpe.

Coulant formé par un petit éléphant en bronze ciselé et incrusté d'or.

Inscription : **Asijumi.**

Attribué aux **Myochin.**

xviii° siècle.

731. — Inro à quatre cases en *cuivre*, les deux faces portant en relief d'anciens caractères chinois.

Coulant d'argent ciselé et ajouré de feuillage stylisé.

xvii°-xviii° siècle.

732. — Inro à trois cases en *argent*, ciselé en relief d'un paysage montagneux.

Coulant en argent filigranné.

Netsuke en shakudo incrusté de fleurettes d'or et d'argent, ayant l'intérieur d'une boîte écritoire.

xviii° siècle.

733. — Inro à une case en laque d'argent, contenu dans un étui de bronze ciselé de fleurs au clair de lune, et d'une hirondelle survolant un rocher.

Signé : **Masanaga.**

xviii° siècle.

734. — Inro à trois cases en *argent*, ciselé de pivoines et de chrysanthèmes, glissant dans une monture d'*or* ciselé de fleurettes.

Coulant en or gravé d'une pivoine.

Netsuke en or, argent et shakudo en forme d'une coquille.

xviii° siècle.

735. — Inro en quatre cases en laque *ro-iro*, décoré en chinkinboro d'une tigresse faisant traverser un cours d'eau rapide à ses petits, en les portant dans sa gueule.

L'inro est contenu dans une gaine de shakudo, gravé de deux personnages luttant.

Pochette de soie ancienne.

Signé sur le laque : **Nomura.**

Signé sur le shakudo : **Somin.**

xviii° siècle.

736. — Petit inro à une case en fer décoré en *numome zogan*, incrustations d'argent, de rinceaux fleuris.

Netsuke en fer et argent natté imitant une petite boîte en sparterie.

xvie siècle.

737. — Inro à une case en *cuivre*, décoré en application de quatre menuki en métaux divers, représentant Daikoku, un guerrier, une divinité assise sur un tengu, et un vase fleuri.

Netsuke en forme de petite boîte en cuivre avec émaux translucides.

xviiie siècle.

738. — Inro à quatre cases en *argent*, décoré sur un fond de petits dessins géométriques, en relief d'or et d'argent, d'une lanterne pendue à la branche d'un arbre et d'un bassin à saké.

Joli coulant en argent ciselé d'un danseur de Nô.

Attribué à un **Goto.**

xviiie siècle.

739. — Inro à deux cases en *shakudo*, incrusté d'or et d'argent, ciselé d'oiseaux jouant au-dessus des vagues et de médaillons fleuris stylisés.

Attribué à **Yasushige.**

740. — Inro à deux cases en *shakudo*, incrusté d'or et d'argent ciselé d'un philosophe accroupi sous un pin et contemplant devant lui un fruit de l'arbre Fantao qui ne fleurit que tous les trois mille ans.

Signé : **Yasushige.**

741. — Inro à trois cases en *shakudo*, gravé sur une face de Fukurokujiu et d'une tortue de longévité, et sur l'autre de caractères en cursive.

Signé : **Ikkin,** élève de **Goto Ichijo.**

xviiie siècle.

742. — Inro minuscule à une seule case en *argent*, ciselé de chrysanthèmes.

743. — Inro minuscule à une case, en *argent*, gravé de pivoines et de papillons.

744. — Inro minuscule à deux cases, en argent, gravé sur une face d'un lapin dans les prêles et sur l'autre de l'armoirie des Morikawa.

745. — Inro minuscule à une case, en *argent*, de forme octogonale gravé de symboles bouddhiques.

746. — Inro minuscule à deux cases en *shakudo*, gravé de fleurettes glissant dans un petit cadre d'or.

747. — Inro minuscule à une case en *shakudo*, incrusté de fleurettes d'or et d'argent.

Inro divers.

748. — Inro à deux cases en *porcelaine* bleu et blanc, décoré de fleurettes.

749. — Inro à trois cases en *cristal*, taillé à facettes, coulisseaux en argent.

Coulant en cristal et netsuké bouton en cristal de roche.

750. — Très curieux nécessaire en forme de bouteille, décoré d'une toile d'araignée où se débattent des mouches, la partie supérieure formant récipient à encre.

L'inro est accompagné d'un petit couteau dans une gaine de bois et d'ivoire.

Netsuke bouton en bronze, imitant une fine sparterie.

751. — Petit coffret en bois contenant une pendule en cuivre ciselé fonctionnant.

Le netsuké en forme de gourde, en cuivre, est orné d'émaux et découvre deux boussoles.

xviiie siècle.

LAQUES DIVERS

752. — Natsume. Petite boîte ronde pour garder le thé.

Laque d'or mat (*kinnji*) décoré, en relief de nacre et de plomb, d'un vol de passereaux. A l'intérieur de la boîte, en léger relief d'or, un décor de vagues.

Style de **Kworin.**

753. — Kobako. Petite boîte pour les parfums.

Laque d'or, de forme circulaire, ayant l'aspect d'un tambour plat, la face supérieure décorée d'un dragon poursuivant le joyau scintillant d'un pavage d'or ; la face inférieure offrant l'armoirie des Tokugawa.

xviiie siècle.

754. — Kobako, de forme circulaire, en laque d'or mat *kinnji*, décoré en léger relief d'un coq et d'une poule.

xviie siècle.

755. — Kobako, en laque noir, de forme circulaire, décoré en léger relief de laque noir rehaussé de laque rouge et d'un fin poudré d'or, de papillons. Intérieur en laque *nashiji*.

Attribué à **Jokosai.**
Fin du xviiie siècle.

756. — Kobako, de forme haute, en laque d'or mat et laque d'ar-

gent, le couvercle imitant une silhouette de moineau volant, décoré du caractère *Kotobuki* (félicité).

xviiie siècle.

757. — Kobako, de forme plate et rectangulaire, en laque noir, décoré au laque d'or d'un coq sur une haie fleurie de chrysanthèmes. Les pourtours de la boîte offrent un joli décor de fleurettes d'or et d'argent au bord du ruisseau.

Attribué à **Gyokuzan**.
Fin du xviiie siècle.

758. — Ravissante petite boîte à parfums, de forme plate et rectangulaire, en laque d'or, décorée en haut relief d'un semis serré de chrysanthèmes, retombant également sur le pourtour de la boîte.

Attribué à **Izumi Chomin**.

759. — Kobako, de forme plate et rectangulaire, en laque d'or mat, décoré en relief de laque noir de deux singes costumés faisant de la musique et dansant.

L'intérieur de la boîte est en laque noir pavé d'argent.

Attribué à **Koma**.
xviiie siècle.

760. — Kobako, de forme plate et rectangulaire, en laque *nashiji*, décoré en relief de laques divers, d'une branche de cerisier, fleurie. L'intérieur de la boîte et du couvercle, qui sont doublés d'étain, est en laque nashiji.

Début du xviiie siècle.

761. — Très jolie boîte à parfums, de forme carrée, les angles arrondis.

Sur un fond de laque noir se détache en relief d'or incrusté de nacre, un décor de chrysanthèmes disposés en semis serré. Le même décor se répète sur le pourtour de la boîte. Les revers du couvercle et de la boîte et le fond de la boîte sont très joliment décorés en laque noir de silhouettes de chrysanthèmes.

Attribué à **Koma Kiuhaku**.

762. — Kobako, de forme circulaire, en laque *nashiji*, décoré en relief de laque d'or d'un store mi-déroulé et d'un semis de feuilles de mauve en laques variés.

xviiie siècle.

763. — Kobako, de forme rectangulaire, le couvercle très bombé. Sur un fond de *nashiji* très sombre se détache en laques variés la figure de Komachi, trempant un manuscrit dans un baquet d'eau.

Allusion à la trahison de Otomono Kuronoshi.

« A l'occasion d'un concours de poésie, au palais impérial, la célèbre poètesse Ono no Komachi récitait un poème soi-disant de sa composition, lorsque sa rivale, Otomono Kuronoshi, l'accusa d'avoir copié sa poésie dans le livre Mannyo Shiu et à l'appui de son affirmation produisit le livre.

« Komachi demanda de l'eau et lavant le livre, fit disparaître l'encre fraîche du poème, ne laissant subsister que le texte ancien. Kuronoshi avoua alors sa supercherie ; elle avait entendu Komachi se récitant le poème qu'elle venait de composer, et l'avait copié dans ce vieux manuscrit. »

Début du xviiie siècle.

764. — Kobako, de forme rectangulaire, en laque d'or, imitant une petite maisonnette au toit de chaume sur lequel courent des lianes fleuries.

Fin du xviiie siècle.

765. — Natsume, de forme haute et hexalobé.

Chaque lobe est décoré d'un laque différent, laque d'or, laque d'argent, laque nashiji, laque rouge, laque oki-hirame. Le même rayonnement se continue sur le pourtour de la boîte.

Début du xixe siècle.

766. — Kobako, de forme haute et circulaire, imitant la forme d'un tambour de guerre.

Le couvercle, en laque d'or, est décoré en relief d'un dragon poursuivant le joyau Tama. Au centre, l'armoirie des Tokugawa.

Sur le pourtour de la boîte, sur un très beau décor de laque d'or, nuageux, se détachent de jolies branches de glycine aux grappes de nacre.

Début du xix⁰ siècle.

767. — Kobako de forme haute et rectangulaire, en laque d'argent décoré en *togidashi* noir, d'une grande finesse de pinceau, de trois cigognes sur la branche d'un saule.

Attribué à **Koma Kioryu.**

768. — Natsume en laque rouge, joliment décoré en laque d'or et laque noir, d'un vol de gracieuses libellules.

xviii⁰ siècle.

769. — Natsume en laque noir, décoré en léger relief de fleurettes variées sur lesquelles sont posés de petits insectes.

xviii⁰ siècle.

770. — Kobako, de forme pentalobée, en laque d'argent, décoré en laques de couleurs et fines incrustations de nacre de divers poissons, de coquillages et d'algues.

Attribué à **Shiomi Masasane.**

771. — Kobako. Jolie pièce formée d'un œuf de cygne, coupé en deux et ajusté en boîte.

L'extérieur est joliment décoré au laque d'or avec incrustations de burgau, d'un jeté de plumes diverses.

L'intérieur offre sur un fond aventuriné un décor très serré de feuilles de fougère en laque d'or.

Jolie pièce du xviii⁰ siècle.

772. — Très jolie coupe creuse formée d'une section d'un œuf d'autruche, finement laqué d'or, représentant un oiseau posé sur des feuilles aquatiques.

Début du xix⁰ siècle.

773. — Deux jolies coupes à saké formées de la partie inférieure d'un œuf d'autruche, laque rouge intérieurement, avec décor en or d'oiseaux et de fleurs, se répétant également sur la coquille extérieure.

xviiiᵉ siècle.

774. — Kyara-bako. Boîte pour contenir l'encens, de forme circulaire, en laque noir doublé de métal, et décorée extérieurement au laque d'or d'un joli paysage de rochers et de fleurs, avec les armoiries des Tokugawa.

Même décor sur le couvercle.

xviiiᵉ siècle.

775. — Natsume en laque *nashiji* sur fond noir, le décor représente en laque d'or et plomb des médaillons de chrysanthèmes stylisés.

xviiiᵉ siècle.

776. — Kyara-bako, en forme d'une boîte tubulaire doublée de métal, en laque noir, décorée au laque d'or d'oiseaux Hôo et de rinceaux fleuris stylisés.

xviiiᵉ siècle.

777. — Petite bouteille à saké, formée d'une gourde desséchée et décorée au laque d'or avec incrustations de plomb et de nacre, de paysans, descendant les rapides dans des barques chargées de bottes de paille.

Signé : **Hokyo Kworin.**

778. — Kyara-bako, en forme d'un tambour de guerre, décoré sur un fond de laque d'or, sur le couvercle d'un oiseau Hôo dans les chrysanthèmes et sur le pourtour d'un motif imitant les veines du bois. Housse de soie ancienne.

xixᵉ siècle.

779. — Kobako, en forme de pot couvert (tchaire) en laques variés

imitant parfaitement une poterie rouge recouverte à la partie supérieure d'une glaçure flammée brune et noire.

Jolie pièce provenant de la collection Dresser.
xviiie siècle.

780. — Kobako, de forme circulaire, en joli laque rouge, légèrement poudré d'or, décoré sur le couvercle d'un semis de chrysanthèmes aux ors variés.

xviiie siècle.

781. — Kobako, de forme ronde, en laque rouge, *tsuishu*, sculpté en très haut relief de personnages sous les pins et de branches de prunier.

xviiie siècle.

782. — Joli kobako, de forme haute et carrée, en laque *nashiji* doublé de métal, et décoré au laque d'or d'une armoirie de daymio se répétant sur le couvercle et les quatre faces de la boîte.

xviiie siècle.

783. — Très beau natsume, en laque *nashiji*, décoré au laque d'or avec incrustations de plomb et de nacre, d'un motif de roues et de feuillages divers.

*Très jolie pièce de l'école de **Kworin**.*
xviiie siècle.

784. — Kobako, de forme lenticulaire, en laque noir, décoré en laques variés avec incrustations de nacre et de plomb d'un motif fleuri.

Signé : **Man** *ou* **Yorozu**.
xviiie siècle.

785. — Kobako, de forme tubulaire, à trois cases, en laques d'or de différents tons, chaque case offrant un décor différent ; sur le couvercle un médaillon ciselé d'un oiseau Hôo.

xviiie siècle.

786. — Kobako, en laque d'or, en forme d'un papillon, dont les ailes finement ciselées sont chatoyantes de nacre et de burgau. A l'intérieur, un délicieux petit plateau en forme, en laque *togidashi*, décoré en polychromie d'un massif de chrysanthèmes.

Jolie pièce par **Koma Kwansai.**

787. — Très beau kobako, en laque d'or mat, *kinnji*, décoré en incrustations de plomb et de nacre d'une coiffure de danse de Nô et d'une feuille d'érable.

Jolie pièce signée : **Hokyo Kworin.**
Cachet : **Shuku.**

788. — Kobako, en laque *kiri*, le couvercle s'emboîtant entièrement. Sur le fond brun veiné, imitant parfaitement le bois, se détachent en laque et feuille d'or deux masques d'oni.

xviiie siècle.

789. — Kobako, représentant un shojo aux cheveux rouges, accroupi contre une jarre de sake et tenant dans la main étendue, une coupe marquée du caractère « Kotubuki », félicité.

La pièce est en laque d'or d'une finesse et d'une minutie de détails extraordinaires.

xixe siècle.

790. — Kobako, de forme et plate et irrégulière, représentant deux écrans conjugués. Exécution en *togidashi* de laque d'or et de laque aventuriné.

xviiie siècle.

791. — Kobako, de forme rectangulaire à deux cases. Sur un fond de laque noir, *ro-iro*, se détache en application de porcelaine verte, une sauterelle posée sur une touffe d'herbes.

Style du xviie siècle.

792. — Kobako, en laque d'or, en forme d'une tortue *minogame,* à queue chevelue, portant son petit sur son dos. Jolie qualité de laque d'or très brillant.

XIXe siècle.

793. — Kobako, de forme rectangulaire, en laque d'or, le couvercle décoré d'un store, à demi déroulé, sur lequel courent de gracieuses lianes fleuries.

Fin du XVIIIe siècle.

794. — Kobako, de forme plate et irrégulière, en laques d'or et d'argent, silhouettant un coquillage. Très beau dégradé de laque d'argent.

XVIIIe siècle.

795. — Kobako, de forme ronde, légèrement lobée, en laque d'or, décoré en relief avec incrustations de nacre d'un joli bouquet de pivoines, de chrysanthèmes et de branches de cerisiers.

Sur le pourtour un curieux décor de nuages en laque noir.

XIXe siècle.

796. — Kobako, en laque noir, en forme d'un samisen, décoré à la partie inférieure d'une bande de laque d'or, offrant sur fond *nashiji* un dragon au milieu de nuages.

Au revers du couvercle, un shô et une flûte en relief de laque d'or.

Attribué à **Zeshin**.

797. — Kobako, de forme ronde, en beau laque *taka-makiye*, décoré sur le couvercle, d'un dragon près d'une cascade poursuivant le joyau tama.

Le même décor se poursuit autour de la boîte qui contient sept autres petites boîtes rondes, en laque d'or, décorées de motifs fleuris.

Signé : **Shomosai**.

798. — Kobako, en bois naturel, imitant l'instrument de musique « Shô », dont la base, arrondie, est décorée de plumes de paons.

A l'intérieur des tuyaux sonores, une rosace ajourée en argent garnie d'émaux translucides.

xviiie siècle.

799. — Kobako, ayant l'aspect d'un samisen, en laque d'or et laques de couleurs, très richement travaillés.

Jolie pièce attribuée à **Kwanshosai.**

800. — Kobako, de forme rectangulaire, en laque noir, décoré sur le couvercle en laques de couleur et incrustations de nacre, d'une poulpe, d'une dorade et d'une langouste. Au revers du couvercle en *togidashi* d'argent, une vague écumante et un poème.

Laqueur : **Toshunkei.** — *Cachet* : **Okawa.**
Poème par **Baishi.** — *Cachet* : **Emma (1752-1822).**

801. — Kobako, de forme rectangulaire. en vannerie laquée brun, décoré en relief de plomb et de nacre d'un cerf et d'une biche.

A l'intérieur un décor de vagues stylisées en relief d'or sur un fond *kinnji.*

Signé : **Hokyo Kworin.**
Cachet : **Hoshiku.**

802. — Fumibako ou boîte à lettres, en bambou tressé et laqué, offrant en relief de plomb, de nacre et de laque d'or, le décor d'un héron perché sur la proue d'un bateau à proximité d'un pont.

A l'intérieur, dans le même style, le décor d'une glycine au clair de lune.

Signé : *Fait par* **Kworin.**

803. — Kobako, de forme rectangulaire, en laque *nashiji*, décoré en haut relief de laques divers de deux inros, l'un décoré d'herbes devant le disque de la lune, l'autre de Kintoki jouant avec un lapin au milieu des prêles.

Au revers du couvercle, sur *nashiji*, en laque d'or et laque rouge, un shojo dansant et un éventail.

Signé : **Yoyusai.**

804. — Kagami no su, boîte à miroir, en laque *nashiji*, décoré en relief de laques d'or et d'argent de kaki et de pins.

xviiie siècle.

805. — Autre boîte à miroir, en laque noir, incrusté d'argent à décor de gerbes de blé.

A l'intérieur sur nashiji un décor d'herbes dans le vent.

Attribué à **Zeshin**.

806. — Kobako, de forme tubulaire, en laque noir *ro-iro*, décoré au laque d'or d'un cerf près de feuilles d'érables incrustés de nacre. Sur le couvercle un croissant de lune, en étain incrusté.

Signé : **Fait par Kozan, d'après Hoitsu**.

807. — Koboko, de forme irrégulière, en laque *taka makiye*, décoré en relief d'une chimère jouant avec une sphère.

Sur le pourtour de la boîte, en haut relief un décor de pivoines et de rochers pavés d'or.

Au revers du couvercle un décor de papillons et de fleurs.

Par **Kajikawa**.

Provient de de la collection Huth.

808. — Kobako, de forme circulaire, décoré en porcelaine, sur un fond de bois laqué noir, d'un lotus fleuri.

Cachet : **Teiji** *ou* **Sadaji**.

xviiie siècle.

809. — Très beau natsume, en étain recouvert d'une très belle couche de laque *ro-iro*, décoré en *togidashi*, de chrysanthèmes stylisés, en laques de couleur.

Très belle pièce du xviiie siècle.

Provient de la collection Morisson.

810. — Kobako, de forme plate, formé de deux boîtes rectangulaires conjuguées, décoré en *togidashi*, sur fond noir, d'herbes auprès du ruisseau au clair de lune.

Attribué à **Shunsho**.

811. — Kobako, très plat, de forme rectangulaire, en *togidashi* d'or sur fond noir, à décor de lys.

Attribué à **Shunsho.**

812. — Kobako, de forme irrégulière, représentant une pochette, la partie supérieure décorée en burgau et laques divers de motifs géométriques, la panse en laque d'or offrant un décor de médaillons de fleurs stylisés.

Attribué à **Koma Kwansai.**

813. — Natsume, en laque ro-iro, décoré en haut relief de plomb, de nacre et de laque d'or, d'un cerisier en fleurs.

École de **Kworin.**

814. — Kobako, en laque ro-iro. Sur le fond de laque noir se présente en haut relief de plomb, de nacre et de laque d'or le décor d'un bœuf accroupi, près duquel le gardien s'est assoupi.

Signé : **Kwansai.**

815. — Fumi-bako, boîte à dépêches, en laque d'argent, de forme rectangulaire allongée, gravée au trait *chinkinboro* sur une face, d'un petit personnage portant une branche, et d'un érable, et sur l'autre face, de diverses femmes liant des gerbes.

A l'intérieur, sur fond *nashiji*, un curieux décor de pavés de nacre irrégulièrement disposés.

Signé : **Kwanshosai.**

816. — Cha-bako, boîte servant à contenir les objets nécessaires à la cérémonie du thé, « Cha-no-yu ».

De forme rectangulaire, en laque noir, décoré sur le couvercle, au laque d'or, d'un éventail et de chrysanthèmes.

Sur le pourtour de la boîte, en *togidashi*, un décor d'herbes fleuries.

L'intérieur, contenant un plateau, est en laque aventuriné.

xviie siècle. Long. : 16 ; haut. : 11 ; larg. : 10 cent.

817. — Autre cha-bako, en toile laquée rouge, réservant sur le

couvercle et les quatre faces latérales de fins décors au laque d'or représentant des paysages lacustres.

Même décor, très soigné, sur le plateau intérieur.

Attribué à **Nangioku.**

XVIIIe siècle.

818. — Kobako de forme rectangulaire, en bois de camphrier, décoré au laque d'or et laques divers d'une cigale sur une touffe fleurie. Le même décor se poursuit sur le pourtour de la boîte.

Signé : **Zeshin.**

819. — Kobako, de forme quadrilobée, en très beau laque d'or.

Sur le couvercle, se détache en haut relief, la silhouette d'une garde de sabre en laque d'or, de forme lobée, décorée en riches incrustations scintillantes de nacre et de burgau, d'un paon près de touffes de camélias. Le contour de la garde est pavé de pépites d'or.

Autour de cette garde, formant la bordure du couvercle, un joli et gracieux décor de vases et de lianes fleuries.

Sur le pourtour de la boîte, des chrysanthèmes, au bord d'un ruisseau calme.

Signé : **Fait par Nemoto.**

XIXe siècle.

820. — Garniture complète de cinq coupes à saké (Choku) en laque rouge, décorées au laque d'or des cinquante-deux relais de coolies (stations) du Tokaido.

Fin du XVIIIe siècle.

821. — Deux coupes à saké, en laque d'or et laque rouge, à décor de montagnes et de paysages maritimes.

XIXe siècle.

822. — Deux coupes à saké, en laque d'or et laque rouge, décorées, l'une de trois tortues *minogame*, l'autre d'un kakemono décoré de poissons.

823. — Coupe à saké, en laque rouge et laque d'or, offrant le décor de trois jonques à voile s'éloignant, chargées de ballots de riz.

Signée : **Heisensai.**

824. — Deux coupes à saké, en laque d'or et laque rouge, décorées, l'une, d'une barque près d'une écluse, et l'autre, d'un tambour de temple.

Signées : **Kajikawa.**

825. — Grande coupe à saké, en laque rouge, décorée en haut relief d'or de deux tortues, Kame, jouant dans les rochers près d'une cascade.

Jolie pièce d'un **Koma.**

826. — Jolie coupe à saké, en laque rouge, décorée au laque d'or, en puissant relief, d'une carpe remontant la cascade.

827. — Deux coupes à saké, en laque rouge et laque d'or, décorées d'un joli paysage maritime.

Signé : **Kajikawa.**

828. — Deux coupes à saké, en laque d'argent, décorées au laque d'or, de tortues minogames sortant des flots.

Début du xviiie siècle.

829. — Trois coupes à saké, en laque rouge, décorées au laque d'or de tortues minogames, d'une grue survolant les flots et d'un bouquet de pivoines près d'un store de vérandah.

xviiie siècle.

830. — Deux coupes à saké, en laque rouge poudré d'or, décorées au laque d'or d'un semis de fleurs de cerisier.

xviiie siècle.

831. — Kodansu. Petit cabinet avec tiroirs intérieurs, généralement trois, servant à divers usages : ils étaient employés pour la fête des jeunes filles (Hina matsuri).

Cabinet, en laque *nashiji*, très finement décoré sur le couvercle et les quatre faces latérales de médaillons et panneaux de paysages montagneux en laques d'or et d'argent.

Au revers de la porte, des cigognes survolent un marais.

Le cabinet contient trois tiroirs aventurinés.

xviiie siècle.   19 × 10 × 9 cent.

832. — Ravissant cabinet, décoré en laque d'or sur fond noir, de deux hiboux sur une branche d'arbre, au clair de lune, d'un oiseau dans les bambous, d'un vol de canards près d'un ruisseau fleuri, d'une mésange dans une liane fleurie, et, sur la face supérieure, de trois cigognes sous un cerisier en fleurs.

Trois tiroirs intérieurs.

xviiie siècle.   14 × 10 × 9 cent.

833. — Très beau cabinet, les faces recouvertes de plaquettes d'écaille, décoré en relief de laques d'or et d'argent, sur une face d'un paon sur un arbre en fleurs, et sur l'autre d'un aigle terrassant une cigogne.

La porte, ajourée d'une rosace fleurie, est décorée extérieurement, sur écaille, de branches de houblon, intérieurement, de deux libellules de laque rouge au-dessus de flots en togidashi d'or et d'argent.

La face antérieure des trois tiroirs est décorée, sur écaille, d'un vol de jolis papillons aux ailes d'or et de burgau.

Très beau travail attribué à **Kakosaï**.

xviiie siècle.   15 × 11 × 10 cent.

834. — Cabinet, en laque brun, à surface chagrinée, décoré au laque d'or d'un vol de cigognes.

Sur la porte, en laque noir, un fin décor de laque d'or et d'incrustations de nacre représentant une perdrix sous une touffe fleurie.

Signé : **Kobayashi**.   12 × 10 × 8 cent.

835. — Boîte pour jeu de cartes, de forme haute et rectangulaire,

le couvercle et les deux faces latérales ajourées d'un motif en grecque.

Sur le fond noir, se dessine, en relief d'or, un décor de fleurettes inscrites dans des rosaces géométriques, réservant en laques d'or et d'argent l'armoirie des Tokugawa.

Jolie pièce du xviiᵉ siècle.   21 × 12 × 12 cent.

836. — Te-bako. Boîte pour contenir des articles de toilette.

Boîte en laque d'or mat *kinnji*, décoré en laques polychromes, d'un tambour de temple sur une terrasse abritée par une étoffe ancienne joliment décorée en *togidashi* d'un brocard de chrysanthèmes.

A l'intérieur, un plateau décoré d'une flûte et de son étui.

Signature et cachet : **Shunsho**.

xviiiᵉ siècle.   17 × 11 × 11 cent.

837. — Boîte de toilette, de forme haute et rectangulaire, décorée, sur un fond de laque noir, en laque d'or, de rinceaux fleuris stylisés et des armoiries des Matsudaira (Kaminoyama) et des Hisamatsu (Taka).

Même décor sur le plateau intérieur.

xviiiᵉ siècle.   20 × 13 × 12 cent.

838. — Très jolie boîte de toilette, en bois naturel, portant aux arêtes du couvercle et de la boîte un décor de damier de laque d'or et laque noir.

Sur le couvercle, en parfaite imitation, un inro de laque noir décoré de Toba à cheval; netsuké de laque *tsuishu*; ojime de pierre verte.

Sur les deux faces, en relief de laque noir, deux bâtons d'encre de Chine.

Sur une des faces latérales, un éléphant en laque noir et une garde de sabre en laque jaune, imitant parfaitement le bronze jaune et signée : « **Yasuchika** ».

Sur l'autre face, un poisson en laque noir, portant une invocation : « Qui enterre son enfant, trouve de l'or », allusion à la légende de Kakkio, qui, ayant à sa charge sa mère malade, voulut tuer son enfant pour donner plus de bien-être à l'aïeule : en creusant le sol pour enterrer l'enfant, il trouva un trésor; et une très belle imitation en laque d'une garde en shibuichi, signée **Toshihide** et décorée de Daruma en barque, méditant.

10

Cette pièce, remarquable dans ses imitations de métaux, peut être attribuée à **Zeshin**, alors qu'il suivait le style de Ritsuo.

18 × 10 × 9 cent.

839. — Chabako. Boîte contenant les ustensiles pour le thé. Bois naturel, décoré au laque d'or de fleurettes variées.

A l'intérieur, les diverses pièces servant à la célébration de la cérémonie du thé (Cha-no-yu).

xviiiᵉ siècle.   14 × 10 × 12 cent.

840. — Karabitsu. Boîte oblongue, supportée par quatre pieds, et destinée à contenir des textes sacrés dans les temples, en laque noir *ro-iro*, décorée en incrustations de plomb et de nacre et laque d'or, de Hoteï, galopant sur un cheval fougueux.

Sur le pourtour de la boîte, des vallonnements plantés de pins. Au revers du couvercle, une pêche enfeuillagée.

Signé : **Fait par Kwansaï, en copie de Hokyo Kworin.**

Ces décors peuvent en effet être retrouvés, planche 42, du deuxième volume des *Chefs-d'œuvre de l'école de Kworin*, à Tokio, 1904.

17 × 14 × 10 cent.

841. — Très belle boîte à gâteaux, de forme plate et carrée, les angles arrondis, en ancien laque rouge de Pékin, sculpté en très haut relief de deux dragons poursuivant au milieu des flots un médaillon ajouré du caractère de félicité.

Sur le bord du couvercle et sur le pourtour de la boîte, les huit emblèmes bouddhiques.

Très joli travail de l'époque **Kienlong.**

xviiiᵉ siècle.   17 × 17 cent.

842. — Fumi-bako, boîte pour les poèmes, en laque noir serti d'étain, décoré en très jolies applications de poterie et d'étain du char du Mikado.

Housse de soie ancienne.

Style de **Ritsuo.**

xviiᵉ siècle.   16 × 14 × 12 cent.

843. — Kwashi-ki, boîte à gâteaux, à trois cases, de forme haute et rectangulaire, en laque *jogohana*, décoré sur le couvercle, en polychromie, d'un personnage à cheval suivi d'un serviteur portant une branche fleurie.

Sur les côtés de la boîte, des petits panneaux décorés de branches de cerisier.

xviii° siècle.   18×12×12 cent.

844. — Te bako, boîte pour ustensiles de toilette, de forme rectangulaire, à trois cases.

La boîte est en laque noir *ro-iro*, décorée au laque d'or de branches de cerisiers en fleurs.

Le plateau supérieur contient six rasoirs en laque noir et laque d'or.

La deuxième case comprend trois petits grattoirs de manucure en ivoire et laque d'or, et deux petits pinceaux à fard.

La case inférieure montre trois brosses, dont celles à poudre.

Jolie pièce du xviii° siècle.   18×12×12 cent.

845. — Très belle boîte rectangulaire, décorée en laque *jogahana* de motifs fleuris stylisés polychromes.

Attribuée par MM. Wokai et Hayashi, comme une œuvre du XIII° siècle, sans doute par Yoshinonegoro.

15×15 cent.

Deux plateaux présentoirs, accompagnant la boîte précédente, du même décor et de la même époque.

19×19 cent.

846. — Fumi-bako, boîte à manuscrits, de forme rectangulaire, en laque noir, décoré en haut relief de laque d'or avec incrustations de nacre et de plomb, d'un oiseau sur une touffe de lotus.

Le décor se poursuit sur les faces latérales de la boîte, dont l'intérieur est en laque *nashiji*.

Style de Kwôrin, attribué à Yugi Nagata

xviii° siècle.   23×16 cent.

847. — Te bako, en bois naturel, décoré sur le couvercle et les

quatre faces, en haut relief de laqués variés, de poissons et de coquillages, rehaussés d'incrustations de nacre.

Attribué à **Hanzan.**

xviiie siècle.   17 × 11 × 11 cent.

848. — Fumi-bako, boîte pour le transport des messages, de forme longue et rectangulaire, en laque d'or mat, décoré de motifs triangulaires en laque noir et laque nashiji, sur lesquels se détachent en relief de laque d'or, de gracieux papillons.

xviiie siècle.   21 × 7 cent.

849. — Fumi-bako, de forme similaire au précédent, en laque noir décoré aux laques d'or et d'argent de poésies accrochées aux branches de cerisiers en fleurs.

xviiie siècle.   21 × 7 cent.

850. — Te-bako, de forme rectangulaire, en bois naturel, décoré en applications de poterie et incrustations de métaux divers, de poissons, de coquillages et d'algues.

Le plateau intérieur et la boîte sont en laque nashiji.

Cachet : **Hanzan.**

851. — Boîte écritoire à doubles compartiments, de forme rectangulaire, en laque *nashiji* décoré au laque d'or d'un petit motif géométrique à fleurettes.

Sur le couvercle, se détache en haut relief d'or un samisen d'une grande minutie de décor.

Au revers du couvercle, deux corbeaux croassant, dans un arbre en fleurs.

A l'intérieur de la boîte, une maisonnette et deux pins.

Dans un tiroir inférieur, le mizuire et la pierre à encre.

Attribué à **Kajikawa I.**   18 × 15 cent.

852. — Boîte rectangulaire en laque rouge, à surface rugueuse, décorée en laques divers, de fleurettes et d'attributs.

Signé : **Nan-gyoku.**   16 × 12 cent.

Collection Dresser.

853. — Très belle boîte, de forme rectangulaire, en bambou imitant une vannerie. Sur le couvercle, en haut relief de plomb, de nacre et de laque d'or, un décor très « art nouveau », de gousses enfeuillagées.

Au revers du couvercle et au fond de la boîte, sur un fond de laque verdâtre, un décor serré de vagues en laque d'or, d'où émergent en plomb, nacre et burgau, de massifs rochers sur lesquels s'aggripent des pins.

Style de **Hokyo Kworin.**　　　　24 × 20 cent.

854. — Ju bako, cantine à trois cases, de forme haute et quadrilobée, en laque *guri*, sculpté de rinceaux stylisés d'influence chinoise.

xviiiᵉ siècle.　　　　Haut. : 23 cent.

855. — Choshi, très curieuse bouteille à saké, en laque *tsuishu*, sculpté en haut relief d'un personnage, d'un cheval et de pins. Le col, ajouré, est à décor de rinceaux stylisés.

xviiiᵉ siècle.　　　　Haut. : 18 cent.

856. — Boîte pour le thé, en forme d'une bouteille, à panse arrondie, en laque noir décoré en laques d'or et laques divers de nombreux insectes.

xixᵉ siècle.　　　　Haut. : 15 cent.

857. — Kwashi-ki, de forme circulaire, supporté par quatre petits pieds. La boîte est en bois naturel et bambou décorée et sur le couvercle d'un médaillon ajouré de dragon poursuivant le joyau Tama, en émaux cloisonnés.

xixᵉ siècle.

858. — Une paire de boîtes de forme ronde, en laque noir, à surface chagrinée, décorées en reliefs de laque noir polis d'oiseaux survolant les flots de la mer.

Très jolies pièces attribuées à **Kwoyetsu.**　　13 cent.
　　　　　　　　　　　Collection Dresser.

859. — Bouteille à saké, choshi, de forme circulaire, imitant un

tambour posé debout sur la tranche ; la bouteille est en laques variés, d'un très beau travail.

xviiie siècle.   Haut. : 20 cent.

860. — Te bako, boîte de toilette complète, en laque noir, de forme rectangulaire, décorée au laque d'or d'armoiries de daymio.

Le plateau supérieur, en laque *nashiji*, comme tout l'intérieur de la boîte, contient le miroir, ciselé des mêmes armoiries et portant l'inscription :

« *Tenka Ichi Kikuda Mimasaka no Kami Kiyo Hisa.* »

Le seul au monde, Kikuda (surnom), gouverneur de la province de Mimasaka. Kiyo Hisa (nom propre).

Le casier inférieur comprend : le porte-miroir, les boîtes à pinceaux, trois peignes et une petite écritoire pour le noir des yeux.

Très jolie pièce, fin du xviiie siècle.   20×16×8 cent.

861. — Fumi-bako, boîte à lettres, de forme rectangulaire, en laque noir doublé intérieurement d'étoffe brodée.

Le décor, en laque d'or, offre de nombreux « sampan », barques, enchevêtrés.

xviiie siècle.   15×20×13 cent.

862. — Kwashi-ki, formé d'une boîte hexagonale en laque *taka-makiye*, décorée d'un très beau paysage d'habitations au bord d'un lac, au pied de hauts rochers.

La boîte contient quatre autres boîtes, en forme, décorées de scènes diverses où s'agitent de petits personnages.

La boîte repose sur un plateau élevé, et tripode en laque *nashiji* à décor de chrysanthèmes stylisés.

Kajikawa II.   Diam. : 23 cent.

863. — Fumi-bako, de forme carrée, en bois naturel, joliment décoré sur le couvercle d'un médaillon offrant en relief de poteries rouges et blanches, un buste de Daruma en méditation.

Au revers du couvercle, sur un fond de laque noir, le chasse-
mouches en laqué d'argent et laque rouge.

Housse de soie ancienne.

Signé : **Ritsu o zu** (*dessin*).   20 × 20 cent.

Cachet : **Kwan**.

864. — Ravissante malle de daymio, en miniature. Elle est en bois
naturel, avec coins de cuivre, et décorée en poterie blanche et verte de
chrysanthèmes enfeuillagés, stylisés.

Attribué à **Kenzan**.   24 × 20 cent.

865. — Très belle boîte à manuscrit, en bois naturel, de forme
rectangulaire.

Sur le couvercle, se détachent un ornement en relif de laque rouge,
laque d'or et nacre, et deux jarres à saké : l'une d'elles est brisée et un
jeune garçon en sort avec un torrent d'eau (légende de Shiba-Onko) ;
l'autre jarre est signée : « *Omori Kasui-yen, fait à l'encre de Chine* ».

Au revers du couvercle, sur un fond de laque brun, un groupe d'enfants jouant à Kotoro Kotoro.

Style de **Ritsuo** *et de* **Hanzan**.   30 × 20 × 15 cent.

866. — Très belle boîte à manuscrits, en bois naturel, de forme
rectangulaire.

Sur le couvercle, un cadre de laque tsuichu entoure une plaque de
faïence sur laquelle sont peints une figure de Jurojin et un poème :

« *Les parties inconnues de l'univers se découvrent graduellement,*
« *La plus grande partie du monde étant fécondée par l'homme,*
« *Les progrès de la littérature civilisent le monde sans cesse,*
« *Ceci nous conduira bientôt à goûter la même félicité que cet homme âgé.* »

Pendant le règne de l'Empereur Che-tsung (1086-1100), de la
dynastie des Sung, vivait, près du palais, un vieil homme dont la taille
ne dépassait pas trois pieds de haut : la moitié formait la tête, le reste
le corps et les jambes. Ses yeux étaient brillants et malicieux, il avait
une longue barbe blanche soyeuse : il ne portait pas de riches vêtements : il se promenait tout le jour, gagnant sa vie en prédisant la
bonne aventure, et il buvait tous ses bénéfices.

Il fut appelé un jour au Palais impérial et Che-tsung lui demanda son âge.

Le vieil homme répondit : « Je viens du Sud et ai coutume de boire beaucoup, mais lorsque j'ai bu, je deviens trop bavard. »

L'Empereur fit apporter des boissons que le vieil homme absorba d'une traite, alors il ajouta : « J'ai souvent vu le Hoang Hô volant droit dans le ciel. »

L'Empereur comprenant, félicita le vieil homme, lorsque ce dernier disparut tout à coup : le vent soufflait légèrement et il ne restait du vieillard qu'un petit nuage blanc, montant vers le ciel.

Alors l'Empereur comprit que son hôte était l'incarnation de l'Étoile Polaire et le nomma « Jurojin ».

Le Hoang Hô est un oiseau célèbre pour sa lourdeur : on ne le voit voler que très rarement : ceci explique le grand âge de Jurojin qui se vantait d'avoir vu voler souvent le Hoang Hô!

Au revers du couvercle, en laques divers et en incrustations de burgau et d'écaille, un chat sur un socle et un bouquet de chrysanthèmes.

Par **Kenzan**.   30 × 22 × 12 cent.

867. — Très intéressante collection formée de huit petites boîtes en laque (ko-bako) représentant huit époques différentes et fameuses de laque.

A) Boîte rectangulaire, aux bords sertis de cuivre, en laque noir *ro-iro*, décorée au laque d'or rougeâtre d'un oiseau Hôo et de motifs fleuris.

Période **Hogen**, *vers* 1300.

B) Boîte carrée, sertie de plomb, décorée sur un fond noir poudré d'or de chrysanthèmes stylisés en *togidashi* d'or.

Période **Kamakura**, *vers* 1400.

C) Boîte rectangulaire, sertie de plomb, en laque noir poudré d'or et décorée en *togidashi* d'or d'éventails fleuris.

Période **Ashikaga**, *vers* 1500.

D) Boîte rectangulaire, sertie de plomb, en laque noir, décorée en laque et pavage d'or, d'une glycine près d'un pont.

Période **Nobunaga**, *vers* 1600.

E) Boîte, de forme arrondie, en laque noir, décorée en *togidashi* d'un bouquet d'herbes d'automne.

Période **Hideyoshi**, *vers* 1625.

F) Boîte rectangulaire, aux angles lobés, en laque d'or mat *kinnji*, décorée en relief d'or et incrustations de nacre, de fleurettes.

Période **Tokugawa**, *vers* 1650.

G) Boîte carrée, les angles gracieusement lobés, décorée, sur fond de laque nashiji, en relief d'or, du décor sho-chiku-bai, bambou, cerisier et pin, qu'accompagnent la cigogne et la tortue minogame.

Période **Genroku**, *vers* 1700.

H) Boîte rectangulaire en laque noir *ro-iro*, décorée au laque d'or d'un oiseau Hôo et de branches fleuries.

Fin de la période **Tokugawa**, *vers* 1800.

868. — Jubako. Boîte de forme rectangulaire, à deux cases, en joli laque rouge, décorée sur le couvercle et les quatre faces latérales d'un vol de gracieuses libellules, aux corps de laque d'or, aux ailes scintillantes de nacre et de burgau.

Ravissant plateau intérieur en laque d'or, décoré en laques divers d'insectes et de coccinelles.

Très beau travail de laque signé : **Kwanshosai**.
Cachet : **Kwanshosai**.   20 × 19 × 17 cent.

869. — Suzuri-Bako. Boîte écritoire complète, de forme rectangulaire, à trois compartiments.

Sur un fond de laque mokumé, imitant le ton et les veines du bois, se détache en haut relief de laques d'or et d'argent, rehaussé de laque rouge, un riche décor d'un coq et d'une poule, sur un tambour, sous un cerisier dont les branches fleuries retombent gracieusement sur le pourtour de la boîte.

« Le coq sur le tambour, rencontré souvent dans l'art décoratif japonais, est une allusion à une légende chinoise.

Dans les temps anciens, un fort tambour était installé près de la porte principale du palais pour y rassembler les troupes. Sous le règne du fameux empereur Yao, la paix étant générale, le tambour ne servit plus et devint le perchoir favori de toutes les basses-cours proches. »

Au revers du couvercle, trois cigognes survolent un buisson fleuri.

La case médiane renferme des pinceaux, de l'encre et des papiers cependant que le fond de la boîte est garni de la pierre à encre et du mizuire.

Fin du xviiie siècle. 30 × 21 × 17 cent.

870. — Tabako-bon. Cabinet de fumeur, contenant des petits tiroirs, un hibashi (brasier), un réceptacle à cendres, etc.

En laque noir décoré au laque d'or de bouquets de chrysanthèmes et de prêles.

xviiie siècle. 30 × 15 cent.

871. — Kodogu-Bako, boîte contenant tous les éléments nécessaires au jeu du brûle-parfums, « *ko awase* »; il s'agit pour les joueurs de reconnaître à l'odeur de la fumée, le parfum qui brûle.

La boîte supérieure contient les jetons, la case inférieure le brûle-parfums, *koro*, les enveloppes de parfums, *kozutsumi*, la plaque de mica sur laquelle brûle le parfum, etc.

La boîte extérieure est en laque noir, décorée en légers reliefs de laques d'or et d'argent d'oiseaux Hôo et de branches de chrysanthèmes.

Signé : **Kenzan**.

xviiie siècle. 20 × 18 × 18 cent.

Cachet : **Sei**.

872. — Très beau petit cabinet étagère, la partie supérieure formant plateau, la partie inférieure contenant trois tiroirs.

Il est en laque noir poudré d'or et décoré au laque d'or de paysages montagneux et maritimes variés.

Jolie pièce de la fin du xviiie siècle. 27 × 23 × 20 cent.

Collection Hamilton Bruce.

873. — Ko-dansu. Petit cabinet à nombreux tiroirs, servant à divers usages.

Très belle pièce en laque noir *ro-iro*, décoré au laque d'or de paysages variés : chaque paysage porte des caractères désignant l'endroit ou la raison d'être du paysage.

Sur la porte du cabinet : No-Shiga (nom de l'endroit).
        Brises mélangées de parfums de fleurs.
Sur le panneau supérieur : Chasse dans les champs.
        Chute des fleurs à la tombée du jour.
Au dos du cabinet -   : Crépuscule.
        Village du Fushimi (près de Kioto).

La partie antérieure des tiroirs est joliment décorée en laque *jogohana* polychromé de fleurettes variées.

  Jolie pièce attribuée à un **Koma**.

     xviiie siècle.   35 × 26 × 23 cent.

874. — Sage-Ju-Bako. Nécessaire pour contenir les aliments, les friandises, les plateaux et les bouteilles à saké pour le voyage ou les pique-niques.

Il est composé d'une boîte carrée à trois compartiments décorée sur fond poudré d'or de chrysanthèmes stylisés, en laques d'or et d'argent, d'une bouteille à saké en laque d'or imitant un tronc de bambou, et d'un tiroir à décor fleuri.

     xviiie siècle.   33 × 32 × 20 cent.

875. — Kwashi-Ki. Cabinet pour friandises.

Il est en laque poudré d'argent et offre, en noir, un décor de petites branches de fougères. Les deux corps pivotent et dégagent huit petites cases en laque d'argent marbré.

  Attribué à un **Koma**.

     xviiie siècle.   30 × 22 × 15 cent.

876. — Nécessaire de toilette complet :

A) Tebako. Boîte pour la toilette à l'usage des femmes de Shogun.

Elle est composée d'un coffre carré, contenant deux tiroirs et surmonté d'une sorte de guillotine soutenant le miroir. La boîte est en laque aventuriné richement décoré en or de pins, de bambous et de pruniers, avec les armoiries des Tokugawa.

Miroir en bronze argenté, ciselé de grues dans les pins.

     xixe siècle.   Haut. : 65 cent.

B) Quatre petites boîtes rectangulaires, le couvercle retombant jusqu'au bas de la boîte, en laque aventuriné, offrant en laque d'or le décor « sho-chiku-baï » avec les armoiries des Tokugawa (seront divisées).

xixe siècle.

C) Cuvette de forme arrondie, en laque aventuriné, décoré au laque d'or du décor sho-chiku-bai et en laque d'argent des armoiries des Tokugawa.

Les deux anses et le pied sont doublés de cuivre doré et ciselés de rinceaux fleuris.

xviiie siècle.   Diam. : 35 cent.

D) Grand tube support accompagnant la pièce précédente et offrant le même décor.

xviiie siècle.

E) Joli porte-serviette en laque aventuriné, accompagnant la garniture précédente, et offrant le même décor.

xviiie siècle.   60×60 cent.

F) Kagami no su, boîte à miroir, en laque *nashiji*, décorée en laque d'or, etc.

G) Kobako de forme haute et tubulaire à deux cases et plateau intérieur.

H) Très joli te-bako, boîte à 2 compartiments (Ikeda : Totori).

I) Boîte longue à éventail.

J) Neuf pinceaux de toilette pour fard.

K) Grande boîte de forme rectangulaire à 3 cases, en laque *nashiji* décoré en relief de laque d'or d'un décor simulant des enveloppes d'encens Kozutsumi, rehaussés de sho chiku bai.

26×21×21 cent.

877. — Kadai. Table basse disposée sur le plancher de la pièce pour écrire, ou disposer des objets.

Très beau spécimen en laque noir décoré au laque d'or avec incrustations de plomb et de nacre de bateaux descendant le courant, chargés de hottes fleuries.

Jolie pièce exécutée par **Koma I** *dans le style de Kworin.*

60 × 35 cent.

878. — Autre kadai, en laque noir décoré en relief de laque d'or d'une gracieuse rivière s'enfuyant entre dés berges et des ilots plantés de bambous aux feuilles rehaussées de burgau.

Attribué à **Jokosai.**

879. — Kadai, en laque *nashiji* décoré au laque d'or de nombreux éventails offrant des paysages ou des motifs fleuris variés.

xviii° siècle.

880. — Kadai en laque aventuriné, décoré en *togidashi* d'or, d'un joli bouquet de chrysanthèmes sous la pluie.

Signé : **Kajikawa.**
Cachet : **Kajikawa.**

881. — Très beau koto, complet, sorte de harpe à cordes, en bois naturel, décoré au laque d'or d'un très beau motif de pivoines aux ors délicatement nuancés.

Attribué aux premiers **Kajikawa.**

882. — Choshi. Verseuse à saké, en bronze entièrement couvert de laque aventuriné, décorée de deux langoustes en laque rouge et de feuilles de fougères en laque d'or.

Signée : **Kakosai.**
Début du xix° siècle.

883. — Boîte ronde en laque brun, décorée en application de galucha (peau de requin) d'un dragon poursuivant le joyau **Tama.** Couvercle en bronze cloisonné décoré de fleurs aquatiques auprès du ruisseau.

Fin du xviii° siècle.   Diam. : 15 cent.

884. — Kobako, boîte à parfums, de forme carrée, en laque *taka-makiye* rehaussé de laque rouge, offrant un combat de coqs sous un arbre en fleurs.

Signé : **Tachubana Gyokuzan.**

xviiie siècle.

885. — Ito bako, boîte à ficelle, en bois laqué noir, représentant un masque d'oni, grimaçant, les yeux en verre peint, les dents saillantes.

Attribué à **Zeshin.**

886. — Mizuire, petit godet à eau en bois sculpté et doré, à décor de rinceaux fleuris. Le même décor se poursuit sur le pourtour du récipient.

xviiie siècle.

887. — Kobako en laque noir imitant le bronze, représentant une cloche de temple à décor clouté, sur laquelle sont grimpés et jouent trois petits oni (diablotins) en ivoire sculpté.

Attribué à **Zeshin.**   Haut. : 20 cent.

888. — Boîte tubulaire avec plateau intérieur, en cuir laqué jaune, décorée de cercles successifs en laques de couleurs.

xviiie siècle.

Collection Huth.

889. — Suite de boîtes contenues les unes dans les autres, en bois tressé et laqué imitant la vannerie.

xviiie siècle.

Collection Dresser.

890. — Jobako, de forme étroite et allongée en laque noir, l'intérieur aventuriné.

xviiie siècle.

891. — Très belle figure en laque kamakura, représentant Daruma, la face dorée, les mains dissimulées sous un ample manteau rouge.

Signé : **Chiku-Ko** *ou* **Chikko.**

xviiie siècle.   Haut. : 30 cent.

892. — Jolie figure de Kwannon, assise sur un rocher, dont la partie supérieure forme limbe : la pièce est en bois sculpté et laqué (laqué *negoro*).

Attribué au xv° siècle.   Haut. : 30 cent.

893. — Petit écran en bois naturel sculpté et incrusté d'ivoire, représentant Handaka Sonja, un des seize Arhat, d'aspect misérable, debout sur un rocher au milieu des flots et levant une coupe d'où sort un dragon, dans un nuage.

xix° siècle.

Ces écrans de petites dimensions étaient disposés devant les yeux des dormeurs.

894. — Autre écran en bois naturel à monture d'ivoire.

La plaque d'écran est en bois naturel rehaussé de joli laque d'or et d'ivoire et décorée de Benten, debout sur un dragon au milieu des nuages et tenant dans ses bras un koto. Elle est ici dans son rôle d'Ako-mio-on-ten, la déesse à la voix merveilleuse.

Au revers le tronc d'un cerisier en fleurs dont les délicates fleurs de nacre tombent sous les ébats d'un couple de corbeaux. La monture en ivoire est sculptée, imitant des troncs de bambou.

Deux pieds en forme de fleur de lotus sur lesquelles reposent deux grenouilles.

xix° siècle.   Haut. : 20 × 15 cent.

Travail de **Koma Kwansai** *et* **Shibeyama.**

895. — Écran de forme demi-circulaire, en laque polychrome (*uniquement en laque*) décoré en plomb et nacre de deux oiseaux près de filets de pêche.

Signé : **Jiryu Gambun.**

signifiant *Gambun, dans le style qui lui est propre.*

896. — Ornement en bois sculpté, représentant un coq sur un tambour (kanko) décoré du dessin des trois virgules *mitsu-tomoye.*

Signé : **Setsudo.**

897. — Demi-coquille de nautilus joliment décorée en laque d'or d'une puissante ciselure de fleurs de chrysanthèmes.

xix° siècle.

898. — Petite boîte de forme tubulaire en laque noir décorée au laque d'or de rinceaux fleuris et d'armoiries.

xviii° siècle.

899. — Deux jolies bouteilles à saké en argent massif, très finement gravées de rinceaux fleuris entourant les armoiries des Tokugawa (Awoi), et celles (Fuji) des Fujiwara (branches de glycines).

xviii° siècle.   Haut. : 22 cent.

900. — Nécessaire à encens, de dame, composé d'une boîte en bois naturel aux angles de laque nashiji, offrant au centre du couvercle, en laque d'or, l'armoirie des Matsudaira (Kaminoyama) qui se répétera sur les diverses autres pièces.

La boîte est laquée or intérieurement et contient sur un petit plateau à anse, à décor d'armoiries et de rinceaux fleuris, une petite boîte carrée à trois compartiments, de même décor, le brûle-parfums en poterie de Ninseï à décor de fleurettes or et vert, le tube porte-encens en argent ajouré de fleurs de cerisiers et une série de petits instruments servant au maniement des parfums.

Très joli nécessaire de la fin du xviii° siècle.

23×19×15 cent.

901. — Ryoshi bako, boîte à papier, lettres ou manuscrits, accompagnant généralement la boîte écritoire (Suzuri bako).

En laque *ro-iro*, de forme rectangulaire, les angles arrondis, décorée en laque d'or de différents tons d'un bouquet fleuri stylisé, retombant également sur les parois latérales de la boîte.

Le plateau intérieur et l'intérieur de la boîte sont en laque nashiji.

xviii° siècle.   42×33×17 cent.

902. — Ryoshi bako, en laque polychromé et marbré, *Zonsei*.

Au revers du couvercle, sur fond de laque noir, en haut relief de laques divers et incrustations de nacre et de coquille, un cabinet, un éventail, un chapeau, une houpette et un coquillage.

Très beau travail signé : **Oju Koshosai Ji-un Kore wo tsukuru** (sur demande, Koshosai Ji-un a fait ceci).

40 × 32 × 11 cent.

903. — Ryoshi bako, en bois naturel à patine claire, veiné noir, très sobrement décoré d'une branche de gros chrysanthèmes en laques d'or, d'argent et de bronze.

L'intérieur, en laque noir, est décoré au laque d'or d'un semis de fleurs de cerisiers.

Début du xviiie siècle. 35 × 27 × 10 cent.

904. — Ryoshi bako, en laque noir *ro-iro*, décoré dans le style de Ritsuo, en incrustations de plomb, nacre et poterie, d'un pêcheur en barque, près d'un pont.

Le revers du couvercle et l'intérieur de la boîte sont en laque mura-nashiji.

xviiie siècle. 38 × 30 × 15 cent.

905. — Ryoshi bako, de grande dimension, en bois naturel, très richement décorée extérieurement dans le style de Hanzan, en laque d'or, avec incrustations de nacre, de corail, d'ivoire et d'écaille, de deux pies dans les arbres en fleurs dont les branches retombent sur le pourtour de la boîte.

906. — Au revers du couvercle, en laque d'or de différents tons sur fond *nashiji*, trois personnages accroupis sous un érable entretiennent le feu qui ne doit jamais s'éteindre devant le Palais impérial.

Fin du xviiie siècle. 43 × 33 × 15 cent.

907. — Ryoshi bako en laque *ro-iro*, offrant, en laques d'or variés, un décor très serré de cigognes dans un pêcher en fleurs.

Le même décor retombe sur le pourtour de la boîte dont le revers est décoré de deux tortues *minogame* devant une cascade.

Début du xviiie siècle. 34 × 26 × 14 cent.

11

908. — Ryoshi bako, en laque *yasuriko nashiji*, décoré au laque d'or d'une troupe de cigognes, s'ébattant dans les roseaux près de la rizière.

Le même décor se poursuit tout autour de la boîte.

Au revers du couvercle, sur fond *nashiji*, des vallonnements plantés de pins derrière lesquels s'élève la pleine lune.

Jolie pièce du xviiie siècle.　　40×32×14 cent.

909. — Ryoshi bako, en laque aventuriné, décoré au laque d'or d'un petit ruisseau serpentant entre deux berges plantées de jolis chrysanthèmes fleuris.

Sur le pourtour de la boîte, des bouquets de chrysanthèmes d'espèces différentes.

Au revers du couvercle, un bouquet de chrysanthèmes s'incline au-dessus d'une haie de bambous.

xviiie siècle.　　40×32×14 cent.

910. — Ryoshi bako, en laque noir *ro-iro*, les bords lobés adoucis d'or mat, joliment décoré en application de poterie polychrome des quatre dormeurs, « Shi sui », Kanzan, Jittoku, Bukan Zenshi et son tigre.

Très belle pièce signée : **Bukwanshi Muchuwan**, par Ritsuo, dans sa **78e** année.

Buckwanshi Muchuwan est ici le nom de « studio ».

40×32×14 cent.

911. — *Bon*, plateau rectangulaire en cuir laqué noir, à bord élevé. Doublé de plomb, décoré en incrustations diverses de plomb, de nacre et de burgau, de deux papillons.

Style de **Ritsuo**.　　43×28 cent.

912. — Une paire de plateaux rectangulaires, en laque *togidashi*, finement décorés de hérons et de canards au bord du marais.

Style de **Shunsho**.　　33×24 cent.

913. — Plateau rectangulaire, décoré en *togidashi* de deux personnages fumant leur pipette, l'un d'eux portant un déguisement à tête de Sishi.

Attribué à **Shiomi Masasane.**   33 × 24 cent.

914. — Plateau rectangulaire en laque brun, décoré en *togidashi* d'un couple de cigognes sur la branche d'un pin.

Même artiste que le précédent.   33 × 24 cent.

915. — Plateau de forme ovale et cabossée imitant le bronze, la partie inférieure imitant une vannerie, décoré intérieurement sur fond de laque noir, en polychromie, d'un oiseau Hôo.

Attribué à **Zeshin.**   32 × 22 cent.

916. — Plateau de forme irrégulière, imitant une coquille, en laque d'argent, décoré intérieurement en laques divers d'une famille de hérons.

Style de **Zeshin.**   Diam. : 28 cent.

917. — Coupe ronde et creuse en laque *mokume*, décorée en laques variés d'un nid de guêpes sur une liane fleurie.

xviii° siècle.   Diam. : 17 cent.

918. — Coupe ronde et creuse en laque *mokume*, décorée en laques polychromes, réhaussés de nacre, d'un écureuil dans la vigne.

Signé : **Shokwasai.**   Diam. : 17 cent.

919. — Plateau rond à bord droit en bois naturel, décoré en laque d'or et poterie d'une gracieuse branche de volubilis.

Attribué à **Hanzan.**   Diam. : 17 cent.

920. — Bouteille à sake formée d'une gourde desséchée, décorée, dans le style de Korin, de pampres de vignes en incrustations de nacre et de plomb.

xviii°-xix° siècles.   Haut. : 40 cent.

921. — Vase pitong en ivoire, sculpté de pêcheuses d'awabi, se reposant, demi-nues et jouant avec une énorme pieuvre dont elles secouent les tentacules.

Joli socle en laque aventuriné à décor de fleurettes d'or.

xviiie-xixe siècles.

922. — Très beau paravent de temple, à quatre feuilles, en laque incrusté d'ivoire et rehaussé d'applications de bois laquées. or.

Les quatre feuilles dont le décor forme suite représentent des Rishis ou Sennin, personnages très âgés, d'origine bouddhique, retirés généralement dans les montagnes, vivant dans la prière et les privations.

La feuille de gauche représente Gama Sennin, assis près d'un pin, sur un sol rocailleux, maintenant d'une main sur sa tête, de l'autre sur sa poitrine, deux crapauds à trois pattes.

La légende veut que Kosensei, le Gama Sennin, ait eu le pouvoir de se transformer dans l'eau en crapaud.

La feuille du centre gauche offre, au pied du sapin qui abritait Gama Sennin, et près d'un torrent, la figure de Tekkai ou Li-tieh-kwai, appuyé sur un bâton et misérablement vêtu, exhalant son esprit dans l'espace sous l'apparence de sa personne en miniature.

Son esprit allait ainsi rejoindre Lao tsze lui-même, fondateur de la philosophie taoiste, qui l'initiait aux mystères du Taoisme.

La feuille centrale de droite nous représente dans un riche costume le Sennin Choshikwa (Chih-Ho) assis sur le tronc d'un saule, une ligne à la main, distrait par un canard qui s'envole.

Il avait la réputation du plus fameux buveur de son époque et passait aussi pour ne pas ressentir les attaques de la neige, de l'eau et du feu.

De l'autre côté du ruisseau, sous le saule pleureur, se tient, sur la feuille de droite, de nouveau le Sennin Gama, arrêté devant un couple de tortues.

Ce très beau paravent, d'une exécution parfaite, était la propriété du prince Arima, de la famille des Tokugawa, dont les armoiries figurent au bas de chaque feuille.

Il fut exécuté aux environs de l'année 1815 par trois artistes dont les signatures figurent sur le paravent :

Peintre : le grand artiste **Hoyen**.

Sculpteur d'ivoire : **Yasuhara**.

Laqueur : **Morikawa**.

Haut. des feuilles : 1,80.

Larg. de chaque feuille : 0,70.

Peignes.

Kushi.

923. — Peigne en laque d'or, le dessus arqué, décoré d'un oiseau passant devant le disque de la lune.

924. — Autre peigne, en laque d'or, de forme similaire, décoré d'attributs et de jouets.

925. — Quatre peignes en laque d'or.
    a. Décor de pivoines.
    b. Cigognes sur un pin.
    c. Moineaux et filets de pêche.
    d. Vol de cigognes au-dessus des vagues.

926. — Quatre peignes en laque d'or, la partie supérieure décorée en plaquettes d'ivoire et de bois noir d'un damier, rehaussé de laque d'or.
    a. Moineaux et bambous.
    b. Branches de fènes.
    c. Papillons et fleurs.
    d. Érable.

927. — Deux peignes en laque d'or, incrustés de corail.
    a. Branches fleuries.
    b. Cigognes au-dessus des flots.

928. — Peigne en ivoire, joliment décoré en laque d'or et laque rose d'un vol de cigognes.

929. — Petit peigne en ivoire teinté rouge, sur lequel est réservé en blanc un motif de chrysanthèmes fleuris.

Épingles de chevelure.

Kanzashi.

930. — Deux épingles de chevelure.
  a. Laque noir décoré au laque d'or de paysages et d'habitations.
  b. Laque d'or, à décor de fleurettes.

931. — Deux épingles de chevelure.
  a. Laque d'or, à décor de filets de pêche et de pins.
  b. Laque d'or incrusté de corail : cigognes dans les pins.

932. — Deux épingles de chignon, en écaille, décorées au laque d'or de motifs de fleurettes.
Jolies pièces.

POCHETTES A TABAC

Taboko-ire.

933. — Pochette à tabac en *fer repoussé* d'une figure d'Okame.
Le netsuke est en fer incrusté de cuivre et d'argent, décoré de petits personnages près d'une cascade.

Pochette signée : **Myochin Munesuke** (1688).

934. — Pochette à tabac de forme circulaire, en *fer repoussé*, imitant une sorte de tambour décoré de dragons et de nuages.

Atelier des **Myochin.**
Début du xviiie siècle.

935. — Pochette à tabac en *bois* naturel, décoré, au laque d'or avec incrustations de nacre et d'ivoire, de nombreux poissons.

Signé : **Kwogyoku.**

936. — Pochette à tabac en *bois* naturel, décoré, en relief de poterie et d'or, d'une branche portant une courge sur laquelle rampe un escargot.

Style de **Ritsuo.**

937. — Pochette à tabac en laque *Kamakura*, sculpté de branches fleuries stylisées.

938. — Pochette à tabac en *bois* naturel, joliment décoré, en laque d'or et plomb, de branchages fleuris.

École de **Kworin.**

939. — Pochette à tabac en *cuir* gravé et laqué pour imiter l'écorce d'arbre, décoré, en laque rouge et nacre, d'armoiries diverses.

Attribué à **Zeshin.**

940. — Pochette à tabac en *bois* naturel, décoré, en laque d'or, nacre et plomb, d'un vol de moineaux.

École de **Kworin.**

941. — Pochette à tabac en *bois* naturel, sculptée en forme d'une coquille et décorée, en relief de poterie et de laque d'or, de coquillages divers et d'algues.

Cachet : **Shin raku.**

942. — Pochette à tabac en *bois* naturel, décoré, en laque d'or, nacre et plomb, d'un buisson fleuri au clair de lune, exécuté dans le style de Kworin.

Signé : **Senkei.**
Cachet : **Takayama.**

943. — Pochette à tabac en *bois* naturel sculpté en très haut relief d'un gigantesque dragon.

Signé : **Yoshitani.**

944. — Très curieuse pochette à tabac en *bois* naturel.

Sur une face, une tombe funéraire en laque d'or que survolent deux chauve-souris en shakudo.

A côté du monument, sur un ornement, un crâne en bronze et shibuichi avec l'inscription « Namu », début de la prière des morts « Namuami Daïbutsu ».

Décor similaire sur l'autre face.

Coulant en os sculpté d'un crâne humain.

Netsuké en bois naturel, offrant un crâne humain dans lequel se glisse un serpent.

xviiie siècle.

945. — Très curieuse pochette en *bois* naturel représentant le ballot de riz de Daïkoku, sur lequel est grimpée une petite souris.

Jolie pièce signée : **Sasaki Tomiaki chokoku** (sculpté).

946. — Pochette à tabac en *écorce de Kiri*, décorée au laque d'or, nacre et plomb, du tronc d'un érable aux feuilles joliment nuancées.

Exécutée dans le style de Kworin par **Zeshin.**

947. — Jolie pochette à tabac en *bois* naturel sculpté d'un petit animal sur une branche fleurie.

Netsuké en os sculpté et gravé d'un petit paysage.

xviiie siècle.

948. — Pochette à tabac et étui à pipe en laque *tame*, décorée, au laque d'or avec incrustations de burgau, d'un vol de gracieuses libellules.

Attribuée à **Kwanshosai Toyo.**

949. — Pochette à tabac et étui à pipe, la pochette en écorce d'arbre d'aspect velouté, décorée, en plomb, nacre et laque rouge, de deux singes cueillant des kakis.

Attribuée à **Kwansai.**

xviiie siècle.

950. — Très curieuse pochette à tabac en corne sculptée d'un personnage sous un pin, en jade rapporté.

Coulant en ivoire et netsuké en jade sculpté.

Signée : **Shunsai.**

951. — Pochette à tabac en bois naturel, décorée de deux escargots rampant sur des bambous aux troncs de plomb et de laque d'or.

Signée : **Hokyo Kworin.**

Cachet : **Kworin.**

952. — Pochette à tabac en nervures de bambou nattées et laquées, décorée en laque d'or et laque noir de motifs fleuris.

Signée : **Gettei Keishin.**

953. — Pochette à tabac en bois naturel, sculptée d'une corbeille autour de laquelle sont grimpées de petites tortues.

Signée : **Gekkwo.**

954. — Pochette à tabac en bois naturel incrusté d'ivoire et de corail, décorée de deux pieuvres attirant une femme demi-nue.

Attribuée à **Ikko**.

955. — Pochette à tabac en laque noir, décorée en *togidashi* et laque d'or d'un joli paysage lacustre.

Atelier des **Kajikawa**.

956. — Très curieuse pochette en os sculpté représentant un blaireau semblant sortir d'un sac.

Signé : **Minko**.

POIGNARDS

---

957. — Petit poignard à fourreau de laque noir, décoré en laques de couleur d'attributs divers, mâts et pavillons, pour la fête des garçons.

Kojiri en argent ciselé d'une barque et des armoiries des Tokugawa.

Fuchi et kashira, en argent, ciselés des deux guerriers Kajiwara et Sasaki lançant leurs chevaux dans les flots.

Menukis ciselés de manzai dansant.

Kozuka ciselé d'attributs.

Signé : sur le kozuka : **Norimasa**.
Sur la lame du kozuka : **Sadamasa**.

958. — Très beau poignard à fourreau de laque noir uni.

Kojiri en fer imitant une feuille de lotus très finement ciselée sur laquelle rampent deux petits crabes d'or.

Sur le fourreau, deux menuki ciselés d'un canard volant, et d'herbes devant le disque de la lune.

Fuchi et kashira rappelant le décor des crabes et des lotus.

Kozuka rappelant le décor du canard et des herbes au clair de lune.

Très belle lame gravée et ciselée d'un dragon s'enroulant autour d'un glaive nu et d'une lame de glaive avec invocation bouddhique.

Kojiri signé : **Omura Kaboku**, habitant Yedo.
Kashira signé deux fois : **Banshosai**.
Lame du kozuka signée deux fois : **Tetsu…..?**
Milieu du xviie siècle.

959. — Petit poignard à fourreau d'écorce laquée.

Garniture en corne.

Kozuka en cuivre et kogai en shakudo, à décor fleuri.

Lame du kozuka signée : **Omino Kami.**

960. — Poignard à fourreau de laque noir, décoré aux laques d'or et d'argent d'un cerisier en fleurs.

Garniture complète en argent ciselée de bambous et de fleurs de cerisiers.

Lame du kozuka signée : **Kaneyoshi.**

961. — Petit poignard à fourreau de laque noir semé d'un piquetis d'or.

Sur le fourreau serpente en relief d'argent un énorme dragon finement ciselé.

La garniture en argent à surface chagrinée sans ciselures.

Menuki : singe et kaki.

Jolie lame gravée sur une face d'une cigogne, sur l'autre face d'une branche de cerisier en fleurs.

Lame signée : **Nobuhide.**

962. — Sabre court à fourreau de cuir laqué rouge.

Large kojiri en cuivre.

Garde (tsuba) en shakudo gravé de petites fleurettes.

Fuchi et kashira en shakudo à décor de branches de vignes.

963. — Poignard à fourreau de laque noir, décoré au laque d'or de médaillons fleuris stylisés d'une grande finesse d'exécution.

Kojiri en argent ciselé d'une chouette sur une branche d'arbre.

Fuchi et kashira en argent, ciselés d'un buste de Daruma.

Kozuka d'argent décoré d'une cigogne volant.

Très jolie lame à gorge latérale profonde.

Lame du poignard signée : **Kane.... ?**

Lame du kozuka signée : **Niwo Tachibana Masakiyo.**

964. — Très beau sabre court à fourreau de laque *guri*, décoré dans

le style chinois, en relief de laque noir sculpté sur fond de laque rouge d'un motif de feuillage.

Très jolie garniture complète en métal argenté, ciselé en manière de laque guri.

Poignée métallique finement damasquinée d'or.

Très belle lame ciselée et gravée d'un dragon et d'un glaive.

965. — Magnifique poignard à fourreau de laque d'or, décoré en *togidashi* de poissons en laque rosé se jouant dans les flots d'or et d'argent.

Kojiri en argent incrusté, magnifiquement ciselé d'une pieuvre dans les vagues.

Garniture complète en argent incrusté de bronze, cuivre, shakudo et or et ciselée de poissons dans la vague.

Très belle lame gravée et ciselée, sur une face de Kinko sur sa carpe, sur l'autre de deux caractères formant invocation.

Lame signée : **Choshu-ju, habitant la province de Nagato.**
Kozuka signé : **Kinko.**

NETSUKE

Ivoire. — Corne. — Os.

966. — Netsuke en ivoire. Le sennin Gama, debout, son crapaud dans la main gauche.

967. — Cinq netsukes. Cerf. Chien. Renard. Chimère. Cerf accroupi.
Le dernier signé : **Ran-ichi.**

968. — Rat grignotant la peau d'un taïko.
Signé : **Ran-ichi.**

969. — Moso, déterrant, en hiver, des pousses de bambou.
Signé : **Nobuhiro.**

970. — Chien jouant avec une sphère.

971. — Deux lutteurs aux prises.
Signé : **Masatsugu.**

972. — Tengu, monstre ailé des forêts, sortant de son œuf.
Signé : **Bungyoku.**

973. — Barque sur les flots, transportant de nombreux personnages.
Signé : **Tomochika.**

974. — Petit oiseau volant.

975. — Deux jeunes femmes debout près d'une grosse cloche, sans doute celle de Midera ?
Signé : **Ikko-sai**.

976. — Oni dissimulé sous un chapeau de paille et accablé par des pois.

977. — Très beau netsuke représentant un crâne humain, en os sculpté.

978. — Groupe de chimères jouant.

979. — Rat sur une pousse de bambou.
Signé : **Unsho Kioryu**.

980. — Hoteï tenant un écran et soutenant un jeune garçon juché sur son épaule droite.

981. — Personnage et garçonnet revenant des champs.

982. — Rishi portant sur ses épaules une chimère Karashishi.

983. — Cerf accroupi
Signé : **Yoshitomo**.

984. — Tigre sortant d'une pousse de bambou.

985. — Figure d'Apsara, soufflant dans un instrument de musique.
Signé : **Nobuyoshi**.

986. — Jeune garçon ramassant du crotin.
Signé : **Ju-gyoku**.

987. — Rats sur un groupe de gourdes.
Signé : **Toka**.

988. — Personnage et son cheval sortant d'une gourde à demi brisée ; allusion à la légende de Chokwaro.

Signé : **Tomochika**.

989. — Yoshimasa terrassant le nuye, animal fantastique qui dévastait le palais impérial.

Signé : **Ikko** ou **Kazutora**.

990. — Yebisu et Daikoku, deux des dieux du bonheur, plaisantant.

Signé : **Tomochika**.

991. — Lièvre, un bâton entre les pattes, poussant une énorme sphère au-dessus des vagues.

Signé : **Mitsutsugu**.

992. — Jeune femme lavant du linge, cependant qu'un homme à barbe noire, accroupi près d'elle, lui tire les cheveux.

Collection Laurence Oliphant.

993. — Prêtre accroupi tenant une coupe à saké, dans laquelle est inscrit le caractère *Kotobuki* : bonne chance.

994. — Grotesque, la tête couverte d'un masque de karashishi, dansant au son d'un taiko que frappe un personnage debout à ses côtés.

Signé : **Giokushun**.

995. — Kintoki terrassant un oni.

Signé : **Mitsunori**.

Collection Laurence Oliphant.

996. — Singe et Bernard l'ermite.

Signé : **Masatami** ou **Seimin**.

997. — Le sennin Hakusekisho, vêtu de son manteau de feuilles, son large chapeau de paille dans le dos.

998. — Shojo, accroupi près d'une urne à saké, une coupe pleine entre les mains.

999. — Magicien accroupi, un lourd sac dans le dos, près d'un garçonnet. A leurs pieds une coiffure de cour.

Signé : **Eisai**.

1000. — Singe sur le dos d'un cerf.

1001. — Personnage au long cou, apparaissant à un enfant terrifié.

1002. — Moso, la tête abritée par un large chapeau, déterrant des pousses de bambou, en plein hiver.

Signé : **Shô-un-sai**.

1003. — Personnage dissimulé sous un déguisement à tête de shishi.

Signé : **Minzan**.

1004. — Personnage accroupi près d'un énorme légume.

Signé : **Ichigioku**.

1005. — Un père tente de se cacher la figure derrière un masque pour amuser ses enfants.

Signé : **Ippo**.

1006. — Benkei s'éclairant d'une lanterne emporte sur son épaule la lourde cloche de Midera.

1007. — Tigre et son petit.

1008. — Renard sous un vêtement de femme.

Signé : **Hidemasa**.

1009. — Personnages se préparant à boire.

1010. — Personnage coiffé d'une tête de chimère, s'éventant : à ses côtés une femme joue de la flûte.

1011. — Pèlerin se reposant, assis sur un rocher.

1012. — Paysan déterrant un énorme navet.
Signé : **Ichigioku.**

1013. — Borgne massant un personnage accroupi devant lui.

1014. — Petit personnage à califourchon sur un melon.

1015. — Personnage portant un masque de chien, dansant.
Signé : **Ju-gyoku.**

1016. — Champignon et pomme de pin.
Signé : **Giokuyosai.**

1017. — Deux singes sur une châtaigne.

1018. — Écureuil, la tête couverte d'un large chapeau, grimpant après un sceau.

1019. — Raiden, le dieu du tonnerre frappant sur son gong.

1020. — Deux netsuke : Singe sur un kaki. Singe sur une tuile.

1021. — Jeune femme accroupie, lavant du linge : un personnage à barbe noire lui tire les cheveux.

1022. — Guerrier caressant sa longue barbe, debout près de son cheval.
Collection Laurence Oliphant.

1023. — Buffle accroupi et harnaché.
Signé : **Tomochika.**

1024. — Deux netsuke : scènes de guerriers.
Collection Laurence Oliphant.

1025. — Manzai tenant un taiko.

1026. — Benten, un des dieux du bonheur, debout : elle tient à la main une branche fleurie et un panier de fruits de longévité.

1027. — Deux netsuke. Scènes de guerriers.

Collection Laurence Oliphant.

1028. — Deux garçonnets jouant avec des déguisements et des masques.

Collection Laurence Oliphant.

1029. — Groupe de fruits dont l'un entr'ouvert.

Signé : **Giokuyosai**.

1030. — Trois netsuke. Animaux divers.

L'un signé : **Ominsai**.

1031. — Shojo, buveur de saké.

Signé : **Naomitsu**.

Collection Laurence Oliphant.

1032. — Rat et vannerie.

1033. — Trois netsuke : animaux divers.

1034. — Chien jouant avec des coquillages.

Signé : **Meigyoko**.

1035. — Crabe et coquillages.

1036. — Singe tentant de retourner le socquet d'une pieuvre.

1037. — Verre à saké.

1038. — Chimère unicorne, sur une base formant cachet.

1039. — Rishi, debout, un panier à la main.

1040. — Trois netsuke. Animaux divers.
L'un signé : **Giokuyosai.**

1041. — Deux netsuke. Dieux du bonheur et enfants.
Collection Laurence Oliphant.

1042. — Deux petits personnages dont l'un porte un sabre.

1043. — Guerrier en armure portant un énorme coquillage.

1044. — Singe et kaki.

1045. — Jeune garçon accroupi près du sac et de l'écran de Hotei.
Signé : **Ichigyoku.**

1046. — Quatre netsuke : différents Rishi.

1047. — Jeune garçon et personnage déroulant un makimono.
Collection Laurence Oliphant.

1048. — Personnage déterrant des pousses de bambou.
Signé : **Ichigyoku.**

1049. — Deux coquillages.
Signé : **Toyomasa.**

1050. — Deux rats dans une balle de riz.

1051. — Perroquet sur un perchoir.

1052. — Groupe d'enfants se disputant.
Collection Laurence Oliphant.

1053. — Personnage se reposant près d'une énorme citrouille.
Signé : **Ichigyoku.**

1054. — Enfant debout près d'une gourde sur laquelle est inscrite un souhait de bonheur « dix mille années ».

1055. — Dieux du bonheur en liesse.
Signé : **Giokuho.**
Collection Laurence Oliphant.

1056. — Enfant roulant le buste de Daruma.
Signé : **Masahiro.**

1057. — Hotei et Benten.
Signé : **Mitsunori.**
Collection Laurence Oliphant.

1058. — Personnage debout s'appuyant sur un bâton.

1059. — Canard dormant.
Signé : **Ryukei.**

1060. — Rat dans une balle de riz.

1061. — Tengu sortant de son œuf.
Signé : **Tamezo.**

1062. — Enfant tenant une balle.
Signé : **Mitsutoshi.**

1063. — Trois netsuke. Paysages et fruit.

1064. — Trois netsuke. Personnages bandant un arc, dormant ou debout sur une souche.
Signé : **Kô-shu** (*ou* **Kimiatsi**).

1065. — Deux netsuke : attributs divers.

1066. — Très jolie boîte finement sculptée.
Signé : **Ran-mei tsukuru** (fait par).

1067. — Groupe de tsuba et de fuchi.

Signé : **Gyoku-sai Bushu (province de Musashi)**.

1068. — Netsuke formé du groupement de denrées diverses.

1069. — Très joli netsuke formé d'un moineau volant, en ivoire, rehaussé de laque d'or.

Signé : **O-yu**.

1070. — Trois poissons.

1071. — Fukurokuju, le dieu de la longévité, et un enfant.

Signé : **Masakaza (ou Shô ichi)**.

1072. — Cinq grenouilles sur une feuille de lotus

Bois.

1073. — Lapin accroupi.

1074. — Deux chiens jouant et se mordillant.

Signé : **I ttan**.

1075. — Bœuf accroupi sur lequel s'efforce de grimper un petit personnage.

Signé : **Tomotada**.

1076. — Manzai, dansant, la tête mobile.

1077. — Petit personnage nu, assis sur une coquille à laquelle il s'efforce d'arracher un pan de vêtement.

Signé : **Ryugioku**.

1078. — Shojo dansant, tenant à la main un marteau de gong.

Signé : **Shunsai**.

1079. — Rishi debout, s'appuyant sur un long bâton, un fruit à la main.

1080. — Shohaku sur son bœuf.

1081. — Rat accroupi.

1082. — Chimère Kylin jouant avec une balle.
Signé : **Takachika.**

1083. — Enfant jouant de la flûte, à califourchon sur un bœuf.
Signé : (illisible).

1084. — Sambaso, sorte de danse.

1085. — Singe déguisé en prêtre.
Signé : **Shuzan.**

1086. — Deux enfants jouant, l'un portant un déguisement à tête de shishi.

1087. — Vieillard et enfant.
Signé : **Masayuki.**

1088. — Personnage accroupi se frottant la tête.

1089. — Deux netsuke : lapins.
L'un signé : **Tomochika.**

1090. — Ballot de riz s'entr'ouvrant et montrant deux lutteurs aux prises.

1091. — Crapaud accroupi.

1092. — Ours menaçant.
Signé : **Min-Ko.**

1093. — Enfant jouant autour d'une colonne de temple dans laquelle l'un d'eux s'est réfugié.

> *Signé* : **Nomin**.

1094. — Champignon et fruit.

> *Signé* : **Tomonobu**.

1095. — Trois netsuke. Hyène. Hyène et tête de mort. Perroquet.

1096. — Hotei émergeant de son sac.

1097. — Chimère et sphère ajourée.

> *Signé* : **Shozan**.

1098. — Personnage sur un éléphant.

> *Signé* : **Kwanzan**.

1099. — Cigale sur une branche d'arbre.

1100. — Personnage dansant Sambaso.

1101. — Noix sculptée de Hotei et d'un enfant.

> *Signé* : **Reisai**.

1102. — Trois netsuke. Cigale. Perdrix et maïs. Rat.

1103. — Cigale sur une pomme de pins.

1104. — Chien se reposant.

> *Signé* : **Kokei**.

1105. — Hanasada Didjii, jetant de la cendre sur des arbustes qui fleurissent immédiatement.

1106. — Chimère jouant avec une sphère ajourée.

> *Signé* : **Minkoku**.

1107. — Figure de prêtre accroupi.

1108. — Serpent et sanglier.
Signé : **Harumitsu**.

1109. — Animal chimérique.

1110. — Chanteur de guidayu.
Signé : **Ryugyoku**.

1111. — Champignon et escargot.
Signé : **Masanao**.

1112. — Figure d'oni, demi-nu, de longs cheveux dans le dos, portant un large chapeau de paille et un maillot.
Signé : **Gesshei** *ou* **Gesho**.

1113. — Figure de sennin s'appuyant sur son bâton, une jambe levée, une main frottant le crâne.

1114. — Fruit enfeuillagé (très belle platine).

1115. — Daruma bâillant et s'étirant.

1116. — Hotei dissimulé dans son sac.
Signé : **Nakayama Munemasa**.

1117. — Trois netsuke d'animaux.
L'un signé : **Shô-raku**.

1118. — Trois autres netsuke. Animaux divers.

1119. — Pousse de champignons.

1120. — Coq et poule.
Signé : (à l'âge de 72 ans)?

1121. — Champignons.

1122. — Deux chimères, l'une d'elles formant cachet.

1123. — Deux netsuke. Dragon enroulé. Chien sur un ballot.

1124. — Chimère accroupie, en forme de boîte de mariage.

1125. — Singe sur une tortue.

1126. — Hotei et un enfant.

1127. — Personnage fabricant du mochi.
    Signé : **Norisane.**

1128. — Bœuf harnaché, accroupi.
    Signé : **Tomotada.**

1129. — Groupe d'habitations.
    Signé : **Seizan.**

1130. — Tigre, à tête articulée.
    Cachet : **Tani.**

1131. — Chien sur une natte, formant cachet.

1132. — Daruma, en buste.

1133. — Fruit sur lequel rampe une petite tortue.

1134. — Coquillages.
    Signé : **Masakata.**

1135. — Chimère accroupie près d'une sphère.

Netsuke laqués.

1136. — Jeune femme portant un panier.
Style de **Shuzan.**

1137. — Groupe de jouets et d'attributs : ojime de même décor.
Signé : **Kozan.**

1138. — Oni sur un tambour.

1139. — Chimère sur un socle.

1140. — Petite boîte formant boussole astronomique.

1141. — Citrouille dans laquelle s'est introduit un petit serpent.
Signé : **Tametaka.**

1142. — Boîte en laque d'or décorée d'un écran et d'un chasse mouches.

xviiie siècle.

1143. — Jolie pousse de champignon sur laquelle est posé un papillon.

1144. — Chimère et sphère.

1145. — Urne à saké en ivoire laqué et teinté.

Netsuké divers.

1146. — Disque en agate rouge.

1147. — Fruit en agate rouge.

1148. — Morceau d'ambre.

1149. — Morceau de cristal de roche.

1150. — Bois laqué argent et fleurette d'ivoire.

1151. — Gourde en os à décor de fleurettes laquées.

1521. — Deux bouteilles en forme de gourde en cuivre ciselé ou laqué.

1153. — Pousse de bambou et coquille d'awabi en poterie.
Le dernier signé : **Shosai.**

Netsuke en forme de petits masques

1154. — Netsuke laqué rouge représentant un masque d'oni.

1155. — Très beau netsuke laqué blanc représentant une tête de chien, la mâchoire mobile.
Signé : **Koyen** *ou* **Mitsunobu.**

1156. — Masque d'ivoire : Okame.

1157. — Figure de diable avec inscription au dos signifiant « seul au monde ».
Signé : **Deme Jokei.**

1158. — Masque de vieille femme, en bois.

1159. — Masque de Gigaku.
Signé : **Masayoshi.**

1160. — Masque de loup, la mâchoire inférieure mobile.

1161. — Masque en ivoire : figure poupine de Uzume.

Signé : **Masahiro**.

Netsuke en forme de boîtes
ou de boutons

1162. — Bouton en laque rouge *tsuishu*, sculpté de personnages et de fleurs.

1163. — Bouton en laque *guri*, à décor de rinceaux stylisés.

1164. — Bouton en laque *guri* à décor stylisé.

1165. — Bouton en bois naturel, décoré au laque d'or des Takara-mono, attributs précieux qui remplissent le sac de Hotei.

1166. — Bouton en laque *tsuikoku*, décoré de motifs fleuris.

1167. — En bois d'écorce, sculpté de pousses de fougères.
  Signé illisible.

1168. — Bouton en métal argenté, orné de fleurettes en émaux cloisonnés.

1169. — Bouton en bois naturel, décoré de cercles en laque d'or.

1170. — Bouton en ivoire, très joliment incrusté d'or, d'argent et de nacre, à décor fleuri.
  Signé : **Shiryusai Tokoku**.

1171. — Bouton en bois laqué, sculpté d'une figure de démon.

1172. — Bouton en laque rouge *tsuishu* à décor de motifs fleuris.

1173. — Bouton en laque rouge *tsuishu*, sculpté de personnages causant ou chassant.

1174. — Bouton en laque noir, décoré en laque polychrome d'une tête de poisson.

> *Attribué à* **Shiomi.**

1175. — Bouton en ivoire, incrusté de pierres diverses offrant une branche de pivoine;

1176. — Très curieux bouton en nacre, ciselé d'un bœuf et d'une corbeille fleurie.

> *Signé* : **Masakazu** (*ou* **Sho-ichi**).

1177. — Bouton en os, sculpté d'un serpent poursuivant une grenouille dissimulée sous un large chapeau de paille.

1178. — Bouton en laque aventuriné décoré au laque d'or de fleurettes et d'armoiries.

1179. — Bouton en laque verdâtre, décoré d'une pivoine.

1180. — Bouton en bois, offrant en laques divers, une flûte et une coiffure de guerre.

1181. — Bouton en bois, décoré au laque d'or et en incrustations de nacre, d'une coiffure de cour et de fleurs de cerisiers.

> *Signé* : **Tô-yô.**

1182. — Bouton en ivoire sculpté et ajouré d'attributs divers : au centre un caractère « Tora » (tigre).

> *Signé* : **Mitsutoshi** (*ou* **Kori**).

1183. — Bouton en laque *guri*, à décor ciselé.

1184. — Deux boutons en ivoire ajouré de motifs fleuris devant lesquels passe une oie, en argent ciselé.

1185. — Bouton en bois naturel, orné d'une plaque d'émaux cloisonnés.

1186. — Bouton en bois naturel orné d'un menuki en métal argenté et ciselé d'une tête de démon et de nuages.

1187. — Bouton en ivoire ajouré et sculpté de tête de mort et d'attributs divers.

1188. — Bouton en bois naturel, avec plaquette métallique en forme de garde de sabre ciselée d'un buste de Daruma, en haut relief.
Signé : **Kankoshi**.

1189. — Bouton en ivoire orné d'une plaquette garnie d'émaux cloisonnés.

1190. — Bouton d'ivoire, ajouré de nuages, au centre desquels se trouve en shakudo, une figure de Raiden, le dieu du tonnerre.
Signé : **Tani**.

1191. — Bouton en ivoire, très sculpté et ajouré d'un enfant et de motifs fleuris.
Signé : **Haruhisa** (*ou* **Shunju**).

1192. — Bouton en os sculpté de cinq pènes de flèches.

1193. — Bouton en ivoire teinté, offrant en fin ajourage un motif fleuri.

1194. — Bouton en os, présentant divers crabes sur un fond rocailleux.

1195. — Bouton en bois, avec fines incrustations de nacre, montrant un aigle poursuivant deux moineaux.
Signé : **Seiju** *ou* **Kiyotoshi**.

1196. — Bouton en ivoire ajouré d'une jolie rosace.

1197. — Bouton en laque d'or décoré d'un singe et de kakis.

1198. — Bouton en bois, avec plaquette d'ivoire sculpté d'un personnage coiffé d'une sandale.

1199. — Bouton en ivoire très joliment décoré au laque d'or d'un fin motif fleuri.

Attribué à **Kanyosai.**

1200. — Bouton en laque *tsuikoku*. Guerrier et jeune femme.

1201. — Bouton en bois imitant le cuir, décoré en nacre et plomb, dans le style de Kworin, de barques et d'herbes.

1202. — Boutons en ivoire, décoré au laque d'or de pivoines et de papillons.

1203. — Bouton en os, sculpté en haut relief d'une figure de personnage barbu.

1204. — Bouton en laque *tsuikoku*. Jeune femme et carpe.

1205. — Deux boutons, l'un en laque *guri*, l'autre en laque *tsuishu*, à décor fleuri.

1206. — Trois boutons en ivoire sculpté, en forme de chrysanthèmes.

1207. — Bouton en os, sculpté de Raiden, le dieu du tonnerre, au milieu des nuages.

1208. — Deux boutons en ivoire ajourés de chimères, de motifs fleuris et d'attributs.

1209. — Bouton en ivoire en forme d'une sphère, ciselée de divers paysages.

1210. — Quatre boutons en bois laqué, à décor de fleurettes diverses.

1211. — Cinq boutons en os sculpté, à décors variés.

1212. — Bouton en bois sculpté et ajouré d'un dragon dans les nuages.
> *Signé* : **Toyomasa** (*ou* **Hô-Shô**).

1213. — Bouton en ivoire, décoré en laques d'un coq et d'une poule.
> *Signé* : **Taishin** (*ou* **Yasuzane**).

1214. — Bouton en bois joliment sculpté d'un oiseau Hôo.
> *Signé* : **Toyokazu.**

1215. — Deux boutons en laque rouge *tsuishu*.

1216. — Bouton en laque brun, décoré au laque d'or d'un poème célébrant les vertus du saké.
> *Signé* : **Bunsai.**

1217. — Bouton en bois naturel, décoré au laque d'or de fleurettes et du caractère de plaisir « Kyo ».

1218. — Bouton en laque *mokume*, décoré d'un dragon stylisé.

1219. — Quatre boutons divers, en bois et en corne.

1220-1235. — Une jolie série de seize netsukes, boutons d'ivoire ou de bois à plaquettes métalliques, très finement ciselées de scènes diverses.
> *Masque signé* : **Hôsai tsukuru** (a fait).
> *Jeunes femmes* : **Ritsu musai.**
> (Sera divisée.)

1236-1248. — Un jolie série de treize netsukes en forme de petites boîtes rectangulaires, en laque d'or, bois ou métal très joliment décorées.
> *L'une signée* : **Kozan**, âgé de **61** ans.

BRONZES CHINOIS

1249. — Très beau bol à sacrifice en bronze à traces de dorure et incrusté d'or et d'argent : le bol est repoussé d'un décor de nuages et de volutes stylisés.

Le bol est accompagné d'un socle tripode en bronze, très postérieur.

Attribué à l'époque **Tang.**

xe siècle.　　　　　　　　Diam. : 17 cent.

1250. — Brûle-parfums tripode, ten-ken, de forme circulaire, le col supportant deux anses boucles, en bronze de patine brun vert martelé d'or.

Cachet : **Tai Ming Siuen Te Guiên Tch'eoû.**

Diam. : 16 cent.

Fait sous le règne Siuen Te, dynastie Ming (1426-1435).

1251. — Vase en forme d'une bouteille, ten-ken, en bronze de patine brun vert, martelé d'or : il est orné de zones concentriques saillant en léger relief : l'épaulement supporte deux anses têtes d'éléphants soutenant des anneaux mobiles.

Cachet : **Ming Siuen te.**　　　　Haut. : 42 cent.

1252. — Petit vase ten-ken, de forme élégante, en bronze brun vert martelé d'or ; la partie supérieure de la panse offre deux mascarons à têtes de tao-tiets supportant des anneaux mobiles.

xve-xvie siècle.　　　　　　Haut. : 16 cent.

1253. — Brûle-parfums en bronze, de forme circulaire, décoré en

relief de saints personnages sous les pins. Le haut du corps formant
marli plat supporte trois anses avec anneaux mobiles.

Cachet : **Ming Siuen-te.**   Haut. : 12 cent.

1254. — Vase à sacrifice, à large panse surbaissée et supportée par
trois pieds en forme de rats. Le col étroit est entouré d'une pièce en
bronze mobile imitant une corde nouée : le col s'évase largement.

Sur la panse et à l'épaulement, deux zones de grecques stylisées.

xvi° siècle.   Haut. : 12 cent.

1255. — Bronze de patine claire représentant le saint How Sien
Seng lisant un manuscrit assis sur le dos d'un crapaud à trois pattes.

Attribué à l'époque **Sung.**

xiii° siècle.   Diam. : 15 cent.

1256. — Très jolie figure de prêtre, debout, la tête inclinée, la
main droite levée, l'autre main dissimulée sous le vêtement. Bronze de
patine olivâtre.

xv° siècle.   Haut. : 15 cent.

1257. — Très beau brûle-parfums, de forme rectangulaire, en
bronze incrusté d'or et d'argent : le corps du brûleur est décoré, sur
un fond de grecques, de salamandres et de têtes de taotiets.

Au milieu des faces et aux angles des arêtes dentelées.

Les quatre pieds, en arabesques, offrent le même décor et les mêmes
incrustations précieuses, qui se retrouvent aussi sur le couvercle.

A l'intérieur du couvercle un cachet de fondeur.

Attribué à l'époque **Sung.**

xii° siècle.   Diam. : 15 cent. ; haut. 12 cent.

1258. — Deux brûle-parfums représentant deux figures d'enfants
chinois accroupis et riants, maintenant sur leur épaule, à l'aide d'une
corde, une petite tortue.

Le bronze est orné d'émaux à champlevé.

Socles de même travail.

Attribué par le British Museum au XIV° siècle.

Haut. : 22 cent.

1259. — Deux figures en bronze à patine noire, représentant deux personnages debout, supportant dans le dos de grands vases en forme de cornets et tenant à la main, l'un un sceptre, l'autre un pinceau ? et une petite écritoire ?

Epoque **Ming**.

xvie-xviie siècle. Haut. : 28 cent.

1260. — Deux figures en bronze à patine noire, représentant des divinités guerrières, lissant leurs longues barbes, tenant l'un un sabre, l'autre une pique (ces deux armes manquent).

Epoque **Ming**.

xviie siècle. Haut. : 35 cent.

1261. — Très beau vase à vin, ayant la forme d'un canard stylisé, le cou et le bec formant déversoir. L'anse demi-circulaire, entourant le couvercle, s'appuie sur deux têtes de monstre.

Le décor, au col et à la panse, offre des animaux fantastiques, au milieu des nuages, en relief sur un fond de grecques.

Jolie patine brune à oxydations vertes.

Style de la dynastie des **Han**.

iiie siècle. Haut. : 35 cent.

1262. — Autre beau vase à vin, formé d'une couronne cylindrique ajourée au centre, et ciselée d'une grecque.

Le déversoir est formé de la tête d'un phénix dont les pattes supportent le vase.

L'anse, en haut relief détaché, est représenté par une salamandre. Couvercle mobile surmonté d'un petit oiseau.

Style de la dynastie des **Han**.

iiie siècle. Diam. : 25 cent.

1263. — Figure en bronze, de patine noire, représentant un personnage assis, le bras levé maintenant la tête et reposant sur une jarre dont il savoure le contenu.

Epoque **Ming**.

xviie siècle. Diam. : 10 cent.

1264. — Petite figure en bronze représentant un personnage de mine farouche, portant un brûle-parfums.

Bronze de patine noire.

Epoque **Ming.**

xvi⁰ siècle.   Haut. : 12 cent.

1265. — Figure en bronze, de patine noire, représentant un personnage semblant courir, debout sur la tête d'un monstre : il tient à la main une sorte de boîte ouverte.

Epoque **Ming.**

xvi⁰ siècle.   Haut. : 24 cent.

1266. — Vase cornet en bronze incrusté d'or et d'argent, décoré au col et à la base de longues palmes. La panse, légèrement saillante, porte quatre arêtes en relief et est décorée sur fond de grecques, de faces d'ogres tao-tieh.

A la partie supérieure du col, une grecque incrustée d'argent.

Style de la dynastie des **Han.**   Haut. : 31 cent.

1267. — Brûle-parfums tripode, de forme tubulaire, en bronze de patine olivâtre richement incrusté d'or : le col supporte deux anses rectangulaires.

Cachet : **Ming, ère de Siuen te.**   Haut. : 12 cent.

1268. — Brûle-parfums en bronze martelé d'or, représentant une chimère Kylin, la tête mobile sur une charnière, assise, attaquée par un serpent enroulé autour de ses pattes et lui menaçant la poitrine.

xvi⁰ siècle.   Haut. : 16 cent.

1269. — Petit vase à vins, en forme de pigeon, monté sur deux petites roues « Chiu Ch'e Tsun ». L'oiseau, d'aspect mythologique, qui est supposé être un pigeon, a la queue cintrée intérieurement et porte sur le dos un vase évasé en forme de trompette : il est incrusté d'or et d'argent et coupé d'une arête dentelée : deux roues le soutiennent sur les côtés et une troisième, à l'extrémité de la queue, lui permet de circuler sur l'autel pendant la cérémonie du sacrifice.

Epoque **Ming**, *d'après le style des Han.*

Haut. : 12 cent.

1270. — Petit vase, de forme ovoïde, en bronze richement incrusté d'or et d'argent, à décor de rosaces stylisées : l'épaulement supporte deux petites anses avec anneaux mobiles.

xvie siècle.   Haut. : 8 cent.

1271. — Petit vase en bronze incrusté d'argent, l'épaulement orné de deux anses en forme de petites chimères.

Les incrustations d'argent sont ici partiellement recouvertes d'oxydations d'une jolie couleur verte.

xvie siècle.   Haut. : 8 cent.

1272. — Joli brûle-parfums, de forme rectangulaire, en bronze, garni d'une très belle patine verte et rouge.

Les faces sont décorées, en léger relief, de faces d'ogres tao-tieh coupées au centre et aux angles par des arêtes dentelées.

La vasque est supportée par quatre pieds tubulaires.

Style de l'époque **Chow.**   Diam. : 15 cent.

1273. — Joli petit vase ten-ken, en bronze olivâtre martelé d'or, de forme piriforme renversée, garnie à l'épaulement de deux têtes d'éléphants supportant des anneaux mobiles.

xve-xvie siècle.   Haut. : 9 cent.

1274. — Brûle-parfums tripode, ten-ken, en bronze sentoku martelé d'or, le col offrant deux anses bouclées.

Cachet : **Ming Siuen te.**   Diam. : 12 cent.

1275. — Brûle-parfums de forme tubulaire, ten-ken, en bronze sentoku martelé d'or, flanqué de deux anses trilobées.

Cachet : **Ming Siuen te.**   Haut. : 6 cent.

1276. — Brûle-parfums tripode, de forme circulaire, en bronze sentoku entièrement incrusté d'argent à décor de grecques et de faces d'ogres tao-tieh très stylisées.

Cachet : **Ming, Siuen te.**   Diam. : 18 cent.

1277. — Figure en bronze à jolie patine brune, représentant Li tieh Kwai, le dieu des mendiants, dansant, une gourde à la main.

Epoque **Ming.**

xvie siècle.   Haut. : 20 cent.

1278. — Figure en bronze, de patine noire, représentant Shang ti, dieu du ciel dans le culte taoiste, assis, un bras dissimulé sous le vêtement, une main appuyée à la ceinture.

Epoque **Ming.**   Haut. : 26 cent.

1279. — Figure en bronze, à traces de dorure, représentant Wen tchang, dieu des lettres, assis, tenant entre ses mains jointes, dans le giron, la tablette honorifique « tsao-pang ».

Epoque **Ming.**   Haut. : 24 cent.

1280. — Brûle-parfums, circulaire, formé d'une vasque flanquée de deux anses à têtes de dragons.

La panse, coupée de deux arêtes, est ciselée sur fond de grecques de faces de tao-tieh : au pied, une zone d'animaux fantastiques.

Jolies oxydations vertes et rouges.

A l'intérieur une marque de fondeur ?

Attribué à l'époque **Han.**

iiie siècle.   Diam. : 24 cent.

1281. — Très joli brûle-parfums formé d'un cerf gracieusement posé, la patte gauche levée, la tête tournée à gauche. Autour de son cou, un collier avec des grelots et sur le corps des branchages.

Jolie pièce de l'époque **Ming.**   Haut. : 39 cent.

1282. — Tigre accroupi en bronze rougeâtre, incrusté d'or et d'argent.

Attribué à l'époque **Han.**   Diam. : 8 cent.

1283. — Petit vase à sacrifice en bronze brun incrusté d'or et d'argent formé de deux oiseaux accolés dont les gueules entr'ouvertes et conjuguées forment l'orifice d'un vase.

Attribué à l'époque **Han**.   Haut. : 7 cent.

1284. — Groupe en bronze à jolie patine rougeâtre, représentant deux enfants poussant une énorme boule.

Époque **Ming**.   Diam. : 9 cent.

1285. — Très curieux vase en bronze, à surface granitée, le col orné en haut relief de deux salamandres. A l'épaulement, sur fond de grecques, de faces des tao-tieh coupées par quatre arêtes, et incrustées d'or et d'argent.

Au pied, un décor de motifs fleuris en léger relief.

Attribué à la fin de l'époque **Ming**.   Haut. : 29 cent.

1286. — Grand bol, en bronze sentoku martelé d'or, flanqué de deux mascarons en têtes de chimères.

Au dos, dans un médaillon de dragons, la date.

Ming Siuen-te.   Diam. : 20 cent.

1287. — Brûle-parfums en bronze, à patine rougeâtre, martelé d'or, portant deux anses mascarons à têtes de chimères.

Ming Siuen-te.   Diam. : 15 cent.

1288. — Brûle-parfums, simulant une pêche enfeuillagée, en bronze sentoku martelé d'or.

xvᵉ siècle.   Diam. : 11 cent.

1289. — Brûle-parfums, en sentoku, martelé d'or, en forme d'une boule supportée par trois pieds, l'épaulement supportant trois anses en forme de petits disques.

xvᵉ siècle.   Diam. : 8 cent.

1290. — Brûle-parfums, en bronze à jolie patine noire, représentant une chimère au corps arrondi et stylisé, la gueule, mobile, formant couvercle.

Période Sentoku, signé : **Ming Siuen-te.**

Diam. : 16 cent.

1291. — Bol tripode, en bronze, de patine brun rouge, orné de deux mascarons à têtes chimériques.

Daté : **Ming Siuen-te.**   Diam. : 20 cent.

1292. — Brûle-parfums, de forme rectangulaire, supporté par quatre pieds cylindriques, le col orné de deux anses bouclés. Au col, un décor de salamandres très stylisées.

Cachet : **Ho-tei.**   Haut. : 23 cent.

1293. — Joli brûle-parfums ten-ken, en bronze sentoku martelé d'or, décoré, sur l'épaulement, de deux salamandres, aux corps arqués, dont les queues retombent sur le corps du brûleur. Le couvercle, ajouré, est surmonté d'une chimère kylin.

xv°-xvi° siècle.   Haut. : 26 cent.

1294. — Très beau vase, de forme aplatie, en bronze à patine noire, richement incrusté d'or et d'argent. Sur les deux faces, un décor très stylisé et en relief, de faces de tao-tieh.

Jolie pièce attribuée à l'époque **Tang.**

x° siècle.   Haut. : 20 cent.

1295. — Petit brûle-parfums, en bronze incrusté d'or et d'argent, formé d'une chimère stylisée, que menace un serpent enroulé dans ses pattes.

Style de la dynastie **Sung.**   Haut. : 10 cent.

1296. — Bouteille à eau, en bronze incrusté d'or et d'argent, simulant une théière, le déversoir formé d'une tête d'animal chimérique, dont les pattes soutiennent le corps. Couvercle arrondi garni de trois petites boucles.

Attribué à l'époque des **Han.**   Haut. : 10 cent.

1297. — Brûle-parfums, ciselé, sur la panse, de dragons au milieu de nuages; le couvercle, ajouré, est surmonté d'une chimère.

Daté : **Ming** Siuen-te.   Haut. : 12 cent.

1298. — Petite bouteille à eau, en forme d'une théière, ciselée en haut relief de dragons et de nuages; sur l'anse et au col, un décor de grecques.

Époque **Ming.**   Haut. : 9 cent.

1299. — Figure en bronze jaune sentoku, représentant Lao Tze, un manuscrit à la main, assis sur le dos d'un cerf.

Époque **Ming.**   Haut. : 20 cent.

1300. — Petit récipient à eau, forme d'une chimère kilin, les pattes posées sur une fleur épanouie.

Époque **Ming.**   Diam. : 6 cent.

1300 *bis*. — Animal chimérique unicorne, en bronze à jolie patine brune.

Époque **Chow.**

1301. — Groupe, en bronze sentoku, incrusté d'argent, représentant Kinko, tenant un manuscrit, assis sur le dos d'une carpe.

Époque **Ming.**   Diam. : 18 cent.

1302. — Très beau vase à vin, pour le sacrifice, en forme d'un rhinocéros « Hsi Tsun ».

L'animal est debout, la tête levée, les oreilles droites, les flancs décorés de motifs en spirales, incrustés d'or et d'argent.

Très belle pièce attribuée à l'époque **Sung.**

Long. : 30 cent.

1303. — Bœuf accroupi, en bronze rouge incrusté d'or.

Jolie pièce attribuée à l'époque **Ming.**   Diam. : 6 cent.

1304. — Joli vase à vin, en forme d'un phénix portant sur le dos un vase de forme balustre. La pièce est entièrement incrustée d'or et d'argent et d'une belle allure archaïque.

Attribuée à l'époque **Ming**.   Haut. : 22 cent.

1305. — Joli petit vase, de forme ovoïde, décoré de zones concentriques, recouvert d'une couche d'or joliment patinée.

Époque **Ming**.   Haut. : 11 cent.

1306. — Grelot de procession, formé d'une base rectangulaire permettant l'adjonction d'une hampe.

Très belle patine vert-de-grisée à taches rouges.

Époque **Han**.   Haut. : 17 cent.

1307. — Récipient à eau, formé d'un animal chimérique portant une sébille dans la gueule.

Très belle patine verte et rouge.

Attribué à l'époque **Sung**.   Diam. : 16 cent.

1308. — Cloche de cérémonie « Chung », décorée, sur les deux faces, de deux panneaux comprenant chacun neuf clous saillants.

Ces cloches, que l'on frappait avec un maillet de bois, étaient utilisées soit pour convier les invités à table, soit dans les tombeaux, pour appeler les ombres des défunts.

Le spécimen présent, qui est du style des pièces Chou, est recouvert d'une patine artificielle vert émeraude, d'un très bel effet.

Haut. : 17 cent.

1309. — Sorte de matrice pour la fonte des cachets, formée d'une petite cuve piriforme contenant intérieurement en relief une forme de clef ?

Attribué à l'époque **Han**.   Diam. : 15 cent.

1310. — Grand brûle-parfums tripode, en bronze sentoku martelé d'or, formé d'un corps sphérique, décoré en relief de deux médaillons de dragons stylisés.

A l'épaulement, deux salamandres, en haut relief détaché, dont les queues retombent sur les parois du vase.

Cachet : ?.   Diam. : 23 cent.

1311. — Petit récipient à poudre, ayant l'aspect d'une semelle.

Cachet : **Mizunoto-Ushi no toshi tsukuru.**
(Fait en l'année de Mizunoto-Ushi).

Long. : 11 cent.

1312. — Petit brûle-parfums tripode, de corps hexalobé, en bronze sentoku, chaque lobe offrant un disque d'or martelé ; deux écureuils formant anse, s'efforcent d'atteindre le couvercle ajouré surmonté de feuillage de vigne.

Le couvercle semble être postérieur.

Époque **Ming.**   Haut. : 12 cent.

1313. — Petit brûle-parfums, de forme hexalobée, le corps ciselé de motifs fleuris, le couvercle entièrement ajouré.

Bronze sans patine.

Époque **Ming.**   Haut. : 10 cent.

BRONZES JAPONAIS

1314. — Coupe creuse à tubulure intérieure en bronze jaune, très finement ciselée à l'extérieur d'une haie de chrysanthèmes fleuris.

Signé : **Seimin, ère Bunsei.** Diam. : 19 cent.
(1818-1829.)

1315. — Coupe creuse, de forme arrondie, ciselée extérieurement, avec une extrême finesse, de vagues stylisées.

Attribué à **Seimin.** Diam. : 18 cent.

1316. — Coupe creuse, de forme quadrilobée, ciselée sur un fond de grecques d'un dragon et d'un oiseau Hôo au milieu des nuages.

Signé : **Dai Nippon Kiraksai Sui-un iru.**

Diam. : 17 cent.

1317. — Important groupe formé de six petites tortues grimpées sur le dos de la mère. Jolie patine brune.

Signé : **Dai Nippon Bunsei nen Seimin iru.**
(Seimin, ère Bunsei.) Diam. : 27 cent.

1318. — Très belle coupe, bain-marie, en bronze d'une très belle patine verte. La coupe est décorée au revers du marli et sur la panse de médaillons et de panneaux de dragons stylisés sur fond de grecques. Socle tripode dont les pieds sont formés par des têtes d'éléphants.

Signé : **Comme le précédent.** Diam. : 18 cent.
Seimin, ère Bunsei.

1319. — Vase formé d'un dragon finement ciselé, dressé sur sa queue et exhalant l'essence de la vie, sous la forme d'un vase formé du calice d'une fleur.

Signé : **To-un de Kyoto.**   Haut. : 21 cent.

1320. — Très beau brûle-parfums en forme d'une chimère en bronze, la tête retournée. Le bronze est recouvert d'une couche de laque brun imitant un martelage d'or et très joliment patiné.

Attribué au xviie siècle.   Diam. : 16 cent.

1321. — Très beau groupe en bronze représentant un crapaud exhalant l' « essence de la vie » sous forme d'une fleur aquatique. Très belle patine brune.

Fin du xviie siècle.   Haut. : 30 cent.

1322. — Cabinet à trois tiroirs, en shibuichi, très finement incrusté d'argent et décoré de grecques stylisées.

Signé : **Shigesato ou Shigukyo.**

Larg. : 12 cent. ; long. : 17 cent.

1323. — Figure en bronze jaune et rouge représentant Daruma, accroupi, s'étirant, les bras noués au-dessus de la tête.

xviiie siècle.   Haut. : 9 cent.

1324. — Deux petites figures en bronze, de patine noire, représentant les deux Nyô, gardiens de temple.

xviie-xviiie siècle.   Haut. : 9 cent.

1325. — Récipient à eau, de forme arrondie, supporté par quatre pieds, le déversoir étant formé d'une tête de blaireau, l'anse, de la queue du même animal. Sur le couvercle, un personnage joyeux.

Allusion à la légende « Bumbuku Chagama », la théière porte-bonheur.

« C'était la théière d'un prêtre du temple de Morinji, dans la ville de Tatebayashi, près de Tokyo. Un jour que le prêtre la disposait sur le foyer, il vit apparaître quatre pattes de blaireau à sa base, puis le déversoir se transforma en tête, l'anse en queue du même animal ; le corps de la théière se recouvrit de poils et la théière magique, ainsi transformée, se mit à courir autour du temple ; le prêtre la rattrapa difficilement et la mit dans une boîte où elle redevint simple théière.

Il la vendit, et son nouveau propriétaire, s'éveillant la nuit, vit sa théière se promener dans la chambre ; il l'exhiba alors de foires en foires, fit fortune et ensuite fit cadeau de la surprenante théière au temple de Morinji où elle est conservée avec les trésors. »

Attribué à To-un.   Haut. : 5 cent.

1326. — Deux petits *mizuire*, compte-gouttes, pour boîtes écritoires. Canards mandarins.

1327. — Vase à fleurs, formé d'une sorte de fleur supportée par des agues écumantes. Bronze, de patine noire.

xviie-xviiie siècle.   Haut. : 19 cent.

1328. — Petite figure de Kwannon, une fleur de lotus à la main. Bronze, à patine noire.

xviiie siècle.   Haut. : 13 cent.

1329. — Jardinière suspendue en forme d'un bateau dont la poupe représente une tête de dragon.
Très belle patine brune à taches de feu.

Signé : **Ryosetsu**.   Diam. : 40 cent.

1330. — Très joli groupe en bronze représentant Fukurokuju, un des sept dieux du bonheur, au long crâne chauve, accroupi contre son cerf et contemplant avec extase le joyau sacré, Tama, un des trésors des Takaramono.
Le cerf, très finement ciselé, en bronze jaune, est accroupi, la tête levée, semblant bramer. Le dieu est en bronze recouvert d'une très belle patine brune.

Signé : **To-un, à l'âge de 63 ans.**   Haut. : 26 cent.

1331. — Petite tortue marchant. Bronze à patine noire.

Signé : **Sui-un.**   Diam. : 8 cent.

14

1332. — Crapaud supportant un brûle-parfums formé d'un lotus en feuillage sur lequel, formant couvercle, se tient un petit crapaud. Bronze de patine brune.

Signé : **Yoshi michi.**   Haut. : 13 cent.

1333. — Presse-papiers en bronze à patine noirâtre représentant un petit personnage debout, tirant un filet où se débattent quelques poissons.

Style de **Takusai.**   Haut. : 9 cent.

1334. — Okimono, presse-papiers représentant, ciselé en bronze jaune, un héron accroupi.

xviiie siècle.   Diam. : 10 cent.

1335. — Presse-papiers en bronze, à patine noirâtre, représentant une pieuvre.

xviie siècle.   Diam. : 10 cent.

1336. — Presse-papiers en bronze jaune incrusté d'argent représentant un bœuf accroupi.

xviiie siècle.   Diam. : 11 cent.

1337. — Presse-papiers en bronze noir représentant Toba, à cheval, traversant une passerelle.

Toba était un célèbre ministre et calligraphe chinois vivant au xie siècle.

A la suite d'intrigues il fut cassé de son grade, réinstallé en 1086 et finalement envoyé de nouveau en disgrâce dans l'île de Haïnan.

C'est sur la route de l'exil que le représentent généralement les artistes ; il monte alors une mule et porte un énorme chapeau de paille.

xviiie siècle.   Long. : 15 cent.

1338. — Presse-papiers formé d'une tortue sur une feuille aquatique. Bronze à patine brun rougeâtre.

xviiie siècle.   Long. : 18 cent.

1339. — Petit écran formé d'une plaque de bronze ciselée et ajourée de feuillage de bambou et supportée par deux tigres.

xviiie siècle.   Diam. : 15 cent.

1340. — Presse-papiers en bronze rougeâtre, représentant un petit dragon salamandre sur une large feuille.

Signé : **Takusai**.   Long. : 15 cent.

1341. — Presse-papiers formé de cinq petites tortues juxtaposées. Bronze de patine noire.

xviiie siècle.   Long. : 16 cent.

1342. — Presse-papiers en bronze verdâtre formé par un dragon enroulé sur lui-même.

Style de **To-un**.   Haut. : 10 cent.

1343. — Brûle-parfums formé par un tambour posé sur champ et surmonté d'un dragon ; un enfant se tient à ses côtés, portant un écran.

xviiie siècle.   Haut. : 10 cent.

1344. — Presse-papiers en bronze noir représentant, en miniature, une maison qu'abritent de grands arbres, perchée au bord du ruisseau.

xviiie siècle.   Long. : 13 cent.

1345. — Presse-papiers en bronze noirâtre formé d'une grappe de raisins-enfeuillagée. Sur une feuille se tient une petite grenouille.

xviiie siècle.   Diam. : 18 cent.

1346. — Presse-papiers en bronze à patine brune formé de deux tortues joliment ciselées.

Signé : **Ryu-ki**.   Diam. : 13 cent.

1347. — Presse-papiers formé d'un jeune enfant, assis, jouant de la flûte (sans doute un ancien couvercle de Koro).

1348. — Porte-pinceaux en bronze jaune formé de deux branches de bambou et d'un oiseau.

1349. — Coupe creuse, à tubulure centrale, ciselée de deux oiseaux Hôo au milieu des nuages. La coupe repose sur un socle en bronze, dont les trois pieds sont formés par des têtes d'éléphants.

Signé : **To-un**.   Diam. : 22 cent.

1350. — Vase de suspension en bronze de patine brune formé d'une fleur de lotus sur laquelle courent de petits crabes.

Signé : **Takusai**.   Haut. : 26 cent.

1351. — Coupe creuse en bronze, ciselée sur un fond de grecques de papillons, de libellules et de nuages. Joli socle formé de vagues écumantes que survolent des passereaux.

Signé : **To-sho-sai**.   Diam. : 20 cent.

1352. — Vase en bronze, imitant un vase en bambou tressé, flanqué de deux larges anses.

Signé : **Tenkuru Nen Kin kora kan Gen**.

Haut. : 24 cent.

1353. — Vase tubulaire en bronze rougeâtre très finement incrusté d'argent, à décor d'oiseaux dans les branches fleuries.

xviiiᵉ siècle.   Haut. : 16 cent.

1354. — Brûle-parfums en bronze noir représentant un buffle debout, portant sur le dos un chapeau et une ficelle enroulée.

xviiiᵉ siècle.   Long. : 20 cent.

1355. — Très jolie figure en bronze à patine noire représentant Daruma debout, drapé dans son ample manteau, une main tenant un sceptre.

xviiiᵉ siècle.   Haut. : 22 cent.

1356. — Brûle-parfums en bronze à patine brune représentant un sage assis sur un bœuf.

xviiiᵉ siècle.   Diam. : 15 cent.

1357. — Brûle-parfums décoré en haut relief de figures de personnages et d'oiseaux au milieu des pins ; couvercle surmonté d'une chimère Kylin.

Signé : **Kunimatsu**Haut. : 11 cent.

1358. — Brûle-parfums formé d'une figure de Daruma, debout,
drapé dans un large manteau.

xviiie siècle.Haut. : 18 cent.

1359. — Très beau brûle-parfums en bronze à patine brune avec
jolies taches rouges représentant un canard debout.

xviiie siècle.Long. : 26 cent. ; haut. : 28 cent.

1360. — Très belle coupe, de forme ovale et quadrilobée, en bronze
à patine brune, finement ciselé de dragons émergeant des nuages.

Signé : **To-un.**Diam. : 20 cent.

1361. — Joli brûle-parfums en bronze incrusté d'or et d'argent,
représentant un saint personnage, un sceptre à la main, assis sur le
dos d'une licorne chimérique.
Très belle patine brune.

Signé : **Œuvre de Nakao.**Haut. : 29 cent.

1362. — Vase tubulaire en bronze ciselé en relief d'enfants entourant une jarre à saké brisée et d'où l'un d'eux s'échappe.
Cette scène illustre la légende de Shiba Onko.
Ce dernier, qui plus tard devint ministre sous la dynastie Tsung,
xie siècle, jouait dans sa jeunesse avec plusieurs camarades et contem-
plait les évolutions de poissons rouges dans une immense jarre en
porcelaine. L'un des enfants tomba dans le récipient et s'y serait infail-
liblement noyé sans la présence d'esprit de Shiba Onko (Sze Ma Kwang)
qui seul ne s'enfuyant pas, brisa la jarre avec une pierre : dans un
torrent d'eau s'écoulèrent enfant et poissons.

xviiie siècle.Haut. : 12 cent.

1363. — Bouilloire en bronze jaune, ciselée en haut relief de dragons dans les nuages. Les trois pieds et le couvercle sont formés par des gourdes enfeuillagées : l'anse représente deux dragons affrontés.

Signé : **Chosai.**   Diam. : 17 cent.

1364. — Petit récipient à eau en forme de théière, ciselée d'un personnage portant une gourde et d'un poème. Anse à dragon.

Influence chinoise.   Diam. : 7 cent.

1365. — Jardinière plate, quadrilatérale, en bronze jaune non patiné, décoré sur le pourtour d'un motif de grecques.

Signé : **Masatsune tsukuru (a fait).**   Diam. : 16 cent.

1366. — Jardinière creuse, circulaire, en bronze à jolie patine brune, ciselée de deux anses simulées en forme de dragons affrontés. Les trois pieds sont formés par des vagues ciselées et ajourées.

Signé : **To-un.**   Diam. : 16 cent.

1367. — Vase à fleurs, en bronze noir, imitant un natté de bambou, et décoré en relief d'enfants et d'attributs divers.

xviiie siècle.   Haut. : 25 cent.

1368. — Jolie théière, de forme arrondie, décorée en relief de branches fleuries et chargées de fruits : sur le couvercle un enfant accroupi. Anse détachée fixe formée d'une chaîne et de deux chimères.

xviiie-xixe siècle.   Diam. : 26 cent.

1369. — Coupe creuse et socle tripode en bronze à patine noire, ciselée de dragons jouant dans les vagues.

Diam. : 17 cent.

1370. — Porte-flambeau en bronze, de patine noire, représentant un ibis, debout sur une tortue et mâchonnant une tige fleurie.

xviiie-xixe siècle.   Haut. : 32 cent.

1371. — Petite figure en bronze représentant Benten, debout.

xviiie-xixe siècle.   Haut. : 16 cent.

1372. — Autre figure en bronze représentant Benten, assise.

XVIIIe-XIXe siècle.   Haut. : 14 cent.

1373. — Jolie figure en bronze, à patine verdâtre, représentant un Sennin debout, discutant et souriant.

XVIIIe-XIXe siècle.   Haut. : 25 cent.

1374. — Brûle-parfums tripode, en bronze mokume (martelé d'or), imitant les bronzes chinois. L'épaulement supporte deux anses boucles.

Daté : **Époque Ming Siuen-te.**   Diam. : 15 cent.

1375. — Très jolie boîte écritoire, supportée par quatre pieds élevés, en bronze sentoku incrusté d'or, d'argent et de shakudo, représentant, en très fine ciselure, un personnage debout, un chasse-mouche sur l'épaule, causant à un autre personnage assis au milieu d'une touffe de chrysanthèmes.

Encadrement en bronze mokume.

Inscription : « **Kikuho Shujin** »
(Maître des jardins de chrysanthèmes.)
Ciseleur : **Yoshi-Aki** *ou* **Gishu.**
Cachet : **Riku.**
Début du XIXe siècle.   26 × 19 cent.

FERS MARTELÉS ET REPOUSSÉS

1376. — Boîte rectangulaire en fer repoussé sur le couvercle d'une figure de Gama Sennin, maintenant son crapaud sur son épaule : les yeux du sennin sont incrustés d'or.

Inscription : **Fait par Myochin Masabumi, d'après une peinture exécutée par Sesshu Shonin.**
xviiie siècle.   Diam. : 13 cent.

1377. — Boîte à parfums, de forme arrondie, en fer repoussé sur le couvercle d'un crabe marchant.

Signé : **Myochin Munechika.**
Début du xviiie siècle. Diam. : 9 cent.

1378. — Joli vase tubulaire en fer, damasquiné d'or et d'argent, représentant un tigre dans les bambous. Au col, une grecque et un motif perlé.

Signé en damasquinure d'argent : **Fait par Myochin.**
      Haut. : 25 cent.

1379. — Très beau brûle-parfums tripode, de forme circulaire, en fer ciselé d'armoiries de daimyo : les anses sont formées par deux branches fleuries. Couvercle ajouré surmonté d'une feuille sur laquelle est posée une petite grenouille.

Jolie pièce signée : **Myochin Nobui-ye.**
xvie siècle.   Diam. : 15 cent.

1380. — Cigale articulée.

A telier des **Myochin**.   Long. : 9 cent.

1381. — Théière en fer, à décor d'armoiries. Couvercle décoré d'émaux cloisonnés et surmonté d'un bouton d'agate.

A telier des **Myochin**.   Diam. : 20 cent.

GARDES DE SABRES

« Tsuba »

1382. — Garde, de forme ovale, en shibuichi incrusté d'or : lapin au clair de lune.

1383. — Garde, de forme quadrilobée, en bronze jaune : libellules volant près d'un petit ruisseau.

Signée : **Goto Seijo.**

1384. — Garde, de forme ovale, en bronze rouge à surface chagrinée, décorée en incrustations d'or et ciselure, de Daïkoku, levant son maillet.

1385. — Garde, de forme quadrilobée, en bronze rouge incrusté d'or et de shakudo : branche de pêcher de longévité et faisan.

Signée : **Yanagawa Naomitsu.**
(1734-1808).

1386. — Garde, de forme ovale, en bronze rouge, incrusté de shakudo et d'or, montrant Hotei, réjoui, à cheval, regardant le croissant lunaire.

Signée : **Jo-i Nagakaru tsukuru (a fait).**
Bujo Akasaka Inshi Raku.

1387. — Garde en bronze ajouré, orné d'émaux cloisonnés et décorée des Takaramono.

1388. — Garde, en bronze ajouré, décorée de chrysanthèmes stylisés et ornés d'émaux cloisonnés.

1389. — Un lot de soixante-deux gardes diverses (sera divisé).

1390. — Quatre kozuka (manches de couteaux).
L'un signé : **To-u (Nara Yasuchika)**.
(1670-1744).

1391. — Un lot de treize fuchi-kashira (bouts et anneaux de sabres)
en fer, shibuichi, shakudo, etc., formant garniture (sera divisé).

PORCELAINE

1392. — Très jolie lanterne en deux pièces :

La partie inférieure, quadrilatérale, en biscuit, décorée de quatre petits panneaux en léger relief offrant des sujets fleuris.

La partie supérieure, formée d'un corps quadrilatéral entièrement ajouré de motifs géométriques encadrant, sur une face, une chauve-souris, les ailes étendues semblant soutenir le caractère de longévité, et sur l'autre face, un dragon dans les nuages.

Ce corps est surmonté d'un col plus étroit formé de deux galeries ajourées.

Toute cette partie supérieure est en porcelaine polychrome.

Époque Taokuang.   Haut. : 37 cent.

1393. — Petit vase, de forme octogonale, les faces ajourées de motifs géométriques divers, en polychromie sur fond brun.

Époque Taokuang.   Haut. : 15 cent.

PEINTURES ET DESSINS

1394. — Album contenant vingt et un dessins, rehaussés, sujets divers, par *Nangaku* (1813) et six planches de vases fleuris.

1395. — Cinq dessins à l'encre de Chine, dans le style de *Kyosai*.

A. Hankwai, représenté avec une porte sous le bras, soulevant une portière.

Hankwai, voulant sauver l'Empereur Kan no Koso, que menaçaient des conspirateurs, força la porte du palais... et la prenant sous son bras, pénétra dans la salle où se tenait l'Empereur.

B. Fukurokujiu et un jeune enfant regardant un makimono.

C. Fudo, le dieu des chutes d'eau, debout sur un roc, sous la nappe de la cascade.

D. Deux onis semblent se moquer de Shoki, qui, assis à terre, demi-nu, ne paraît pouvoir remuer.

E. Personnage ventru et son serviteur.

1396. — Dix-huit dessins rehaussés représentant des personnages en diverses postures. Style de la Mangwa.

Attribués à **Hokusai**.

1397. — Dix dessins rehaussés : anneaux et fleurs variés.

Attribués à **Kyosai**.

1398. — Intéressante peinture sur soie représentant des jeunes femmes sous les cerisiers fleuris au bord du ruisseau, faisant flotter des coupes à saké.

Le jeu consistait à composer un poème avant que la coupe n'atteignît un endroit convenu d'avance.

Signé : **Hokuba (Teisai).**

1399. — Livre de peinture intitulé : « *Excellents Pièces* ».
1. Chisokusai. — 2. Daidojin. — 3. Shinkei. — 4. Fugai. — 5. Itcho. — 6. Kangan. — 7. Shuku. — 8. Masachika. — 9. Taikaku. — 10. Hi-chô. — 11. Meirei. — 12. Gakutei. — 13. Ruicho. — 14. Daidojin. — 15. Bunkyo, le célèbre général Masachige, période Godaigo. — 16. Ryukoku, la déesse du soleil. — 17. Ryukoku, la déesse de la lune. — 18. Shohosanjin (copie par). — 19. Ritsusai.

1400. — Album de grand format comprenant vingt-neuf peintures variées de fleurs et d'oiseaux.

xviiie-xixe siècle.

1401. — Lots omis.

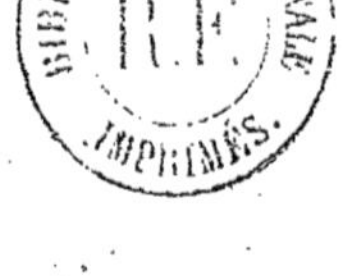

www.ingramcontent.com/pod-product-compliance
Ingram Content Group UK Ltd.
Pitfield, Milton Keynes, MK11 3LW, UK
UKHW021515090726
13657UKWH00001B/244